★★★ 中等职业学校会计专业核心课系列教材

U0861917

主　审 张文光 夏祥霖 任延东
主　编 祁向荣 刘　倩
副主编 牛致贞 孟云芳

兰州大学出版社

CHENGBEN KUAIJI

成本会计

zhongdengzhiyejiaoyu

图书在版编目(CIP)数据

成本会计/祁向荣,刘倩主编. —兰州:兰州大学出版社,2013.3(2017.1 重印)
ISBN 978-7-311-04062-8

Ⅰ.①成… Ⅱ.①祁… ②刘… Ⅲ.①成本会计—中等专业学校—教材 Ⅳ.①F234.2

中国版本图书馆 CIP 数据核字(2013)第 038630 号

责任编辑 郝可伟
封面设计 张友乾

书　　名 成本会计
作　　者 祁向荣 刘 倩 主编
出版发行 兰州大学出版社 (地址:兰州市天水南路 222 号 730000)
电　　话 0931-8912613(总编办公室) 0931-8617156(营销中心)
　　　　 0931-8914298(读者服务部)
网　　址 http://www.onbook.com.cn
电子信箱 press@lzu.edu.cn
印　　刷 兰州人民印刷厂
开　　本 787 mm×1092 mm 1/16
印　　张 10
字　　数 227 千
版　　次 2013 年 3 月第 1 版
印　　次 2017 年 1 月第 2 次印刷
书　　号 ISBN 978-7-311-04062-8
定　　价 22.00 元

序

随着我国教育改革的不断深化,尤其是社会与经济高速发展的今天,由于新经济环境下对人才需求层次多样化的客观要求,使得我国的中等职业教育得到了迅速的发展。中等职业教育经历了由专业教育向职业教育的转化,其办学模式、培养目标、人才模式等也都发生了相应变化,而人才培养模式的转换必须通过教学内容和教学方式等途径来实现。因此,作为教学内容载体的教材建设,其定位的基础必须是中职教育培养目标。

《中等职业教育大纲》规定,中等职业教育培养目标是使受教育者成为具备某一职业和工作岗位所需要的职业基础知识和技术能力,以及德、智、体全面发展的中初级应用型、技术型人才。对照这一培养目标,立足"以就业为目标,以市场为导向,以服务为宗旨"的出发点,考虑到目前中职教育对象的素质特征,我们目前所使用的中职教材,大多数仍是按照过去中职或高职培养专业人才的结构和体系,过于追求学科体系的系统性和完整性,职业教育特点不突出,滞后于时代的发展、市场的需求。

基于对上述客观要求的理性思考,中职学校的教学应更加符合市场对中职人才的要求,以"实用、适用、够用、可教"为原则,根据就业岗位的工作思路,从通识、原理、职能到方法,使学生易于理解、掌握和实践,即"能力目标—技能训练—学生主体",培养出有能力、有技术、有责任的学生,实现专业教学与学生就业岗位零距离的目标。

一套有强大生命力的教材,应该以满足读者的需要为宗旨,不断适应环境的变化。本系列教材、实训教程及习题,是在吸收财会理论界近年来所取得的一些理论成果的基础上,借鉴了同类教材的先进经验,组织了长期在教学一线工作并有着丰富教学经验的教师编写而成,是职业教育课程教学改革的重要成果。本系列教材汇集了几代学人的智慧结晶,教材中所列的教学案例,阐述的观点方法,既是教研成果,又是实践积累,并经过实践证实具有明显的教学效果。

教材编写是一项复杂而又细致的工作,我们仍需要不断探索、不断总结、不断完善。由于时间急促、水平有限，教材中难免存在疏漏甚至错误，尚祈赐教，同时对各位作者和出版社的辛勤劳动深表谢意。

成果的展示，是“智慧之晶”的丰收，更是开启“思想之光”的新开端，未有穷尽，我们将不断努力，勇于拼搏，为中等职业教育的发展做出贡献！

2013年3月

序文作者张文光为中国注册会计师、高级审计师、包头财经信息职业学校校长。

前　言

随着我国经济的高速发展,中职会计教育的结构及内容发生了巨大的变化,其办学模式、培养目标和教育对象也发生了相应的变化,中职会计教育的主要目标是培养社会需求,就业时“不需再培训就能直接上岗操作”的会计技能型人才,而传统教材大多偏重理论，职业技能特点不突出，应用时不能与实际很好地对接,不符合中职生的认知特点。因此,我们组织了具有丰富教学经验的老师,从重“技能型教学”入手,结合新会计准则的精要,同时考虑了中职会计教育对口用人单位的需求,编写了这套会计专业系列教材。

《成本会计》是我们结合多年会计教学经验,按照中职教育的目标定位,在充分考虑了中职学生素质特征的基础上编写的。主要具备如下特点:

本书依据国家财政部颁发的《小企业会计制度》及有关成本核算的管理办法进行编写。全书共十一章,内容涉及成本会计概述,成本核算的基本要求和一般程序,要素费用的归集和分配,综合费用的归集和分配,生产费用在完工产品与在产品之间的分配,成本计算方法的分类,品种法,分批法,分步法,产品成本计算的辅助方法,成本报表的编制与分析等。编写过程中充分考虑到中职学生的认知特点和理解能力,每章开始是“学习目标”,以帮助学生在学习之前了解本章要学的主要内容;然后是“本章导读”,内容为本章的知识点或前沿阅读;内文中穿插“知识链接”,对相关知识点进行阐述;内容最后是“视野纵横”,所阐述内容为知识的延伸,注重拓展性;学完每一章后都有一个“本章小结”,以帮助学生总结。全书尽可能以简明扼要的语言阐述基本方法和会计理论，并保证了各章节的连续性。

参与本书编写的有祁向荣、刘倩、孟云芳、牛致贞、李燕茹、孙丹丹，本书由张文光、夏祥霖、任延东主审。由于编者的水平有限，书中错误和不足之处在所难免，恳请读者批评指正，以使本书在教学实践中得到不断完善。

本书可作为中等职业学校财经类专业的基础教材，也可作为其他专业的选修课教材及相关行业培训用书或自学用书。

编者

2013年3月

目　　录

第一章　成本会计概述

学习目标

掌握成本、成本会计的经济内涵，了解支出、费用、成本的关系，掌握费用与成本的关系，了解工业企业成本会计的对象，掌握成本会计的目的、内容、职能，了解成本会计的原则，基本了解成本会计的组织机构与制度法规，掌握成本会计工作两种组织形式的特点。

本章导读

成本就一般意义而言，是资源的一种耗费。物质资料的生产是人类赖以生存和发展的基础。生产活动一方面创造出物质财富，另一方面又要发生人力、财力、物力的耗费。在一切社会形态下，人们进行生产活动时，总是力求以尽可能少的劳动耗费，取得尽可能多的劳动成果。成本会计的对象是企业在生产经营过程中发生的资金耗费，它的职能是在经济管理中能够干什么——成本预测、成本决策、成本计划、成本控制、成本核算、成本分析和成本考核。

第一节　费用成本及其分类

一、费用、成本的概念及关系

（一）费用的概念与确认、计量

按照我国《企业会计准则》的规定，费用是指企业为销售商品、提供劳务等日常活动所发生的经济利益总流出。这种经济利益流出的实质就是企业资源的流出。

费用的发生一般会导致企业资源的减少，这种资源减少具体表现为企业实际的现金资产支出（如支付工资费、支付动力费、支付差旅费等）或非现金资产支出（如消耗的材料、消耗的机器设备等），也可以是预期的支出（如计提大修理费、预提保险费等）。因此，费用本质上是一种资源的流出。

对费用应当按照权责发生制原则加以确认。凡是属于本期应负担的费用,不管其款项是否支付,都应作为本期费用处理,凡是不应归属于本期的费用,即使款项已经付出并入账,也不能作为本期的费用处理。

(二)成本概念的产生与发展

1.成本概念的产生

成本是商品经济的必然产物。当剩余产品逐渐多起来以后,小商品生产者在满足自己需要的同时要将多余的产品在市场上进行交换。要交换就必须对商品进行估价,也就必然要考虑商品在生产过程中的耗费,即成本问题。因此,成本概念的产生,与商品交换密不可分。

小商品生产条件下,由于是手工劳动,生产规模十分有限,人们在交换时主要考虑物质资料的补偿,而常常忽视活劳动的补偿。成本主要还是局限于生产过程中物质资料的补偿,是一种不完整的成本概念。

进入工业社会后,由于机器代替人的手工劳动,生产规模迅速扩大,人工费用在整个生产耗费中占很大的比重。对工厂主来说,只有生产过程中的一切耗费都得到补偿,简单再生产才可能顺利进行。在这种生产方式下,人们在计算产品成本时,已经不可能再忽视人工费用的补偿,因为它已经成为社会化大生产下维持简单生产的必要条件。也就是说,进入工业社会后,人们对成本的理解有所深化,将其内容从生产资料的补偿扩大到活劳动的补偿,使得产品成本概念进一步完善。今天所谈论的产品成本,是指为生产一定数量和种类的产品所花费的各种耗费,这种耗费主要包括人力资源、物质资料的消耗。生产成本的内容是随着社会生产力的发展而逐步完善的。一般而言,产品或劳务在生产经营过程中发生的各种资源耗费构成其成本。

2.成本概念的发展

成本的概念最早产生于生产领域,主要是指产品生产成本,以后随着管理的需要又扩展到其他领域,从而形成各种不同的成本概念,使得成本的内涵和外延得到发展。例如:人们为了满足企业预测、决策、分析的需要,将成本分为固定成本、变动成本、混合成本;为了加强企业内部经济责任制,考核各部门工作业绩,提出了可控成本、不可控成本、责任成本的概念;为了有效控制生产成本,提出了目标成本、标准成本、定额成本、计划成本的概念。可以说,成本与任何一项管理问题相结合都会产生适应某一管理要求的成本概念。

成本这一概念在过去一直应用于微观经济领域,现在它也广泛应用于宏观经济领域。比如我们常说的经济改革成本、社会责任成本、产业结构调整成本、环境治理成本、人力资源发展成本、教育成本。这些成本概念已远远超出某个企业或某个行业的范围,已涉及整个国民经济领域。

随着社会经济的发展,人们还会提出更多的"成本"概念,以满足不同的需要。就一切成本而言,它是指人们为了实现一定的目的(目标)而付出的代价。这种代价主要表现为社会资源的耗费。这种资源耗费可以是有形资源耗费,也可以是无形资源耗费。

——知识链接——

（一）理论成本

成本作为经济范畴的概念，随着商品交换而产生，又随着商品经济的发展而不断改变其形式。在商品经济发展早期，小商品生产者为了维持再生产，着重考虑物化劳动消耗的补偿，并不十分注意活劳动消耗的补偿，缺乏明确的成本概念。马克思在分析资本主义商品生产时指出："按照资本主义方式生产的每一件商品的价值，用公式表示是$W=C+V+m$。如果我们从这个产品价值W中减去剩余价值m，那么，在商品价值中剩下的，只是一个在生产要素上耗费的资本价值$C+V$的等价物或补偿价值"；"商品价值的这个部分，即补偿所消耗的生产资料价格和所使用的劳动力价格的部分，只是补偿商品使资本家自身耗费的东西，所以对资本家来说，这就是商品的成本价格。"马克思从耗费和补偿两个角度对成本的概念作了科学、完整的论述。从耗费角度看，成本是商品价值中$C+V$的部分，即商品生产中所消耗的物化劳动和活劳动中必要劳动的价值；从补偿角度看，成本是补偿生产耗费的价值尺度。

成本的这一经济内涵，是一种高度的理论抽象和概括。这种符合客观经济内涵的成本，称为"理论成本"。

（二）现实成本

在现实经济活动中，很难确定纯粹的$C+V$这种理论成本。在实际工作中，根据不同时期经济管理的要求，对某些不形成商品产品价值的部分也列入产品成本，如废品损失、财产保险费等，从而导致了实际补偿价值和已消耗的$C+V$不一致，形成了现实成本即产品成本的概念。所谓产品成本，是指企业为生产一定种类、一定数量的产品所发生的各项生产费用的总和。

在实际工作中，成本开支的实际内容通常是由国家统一规定的。哪些费用计入成本，哪些费用不计入成本，国家都以法令、制度的形式加以规定，这叫做成本开支范围。企业根据有关规定，确定成本的开支范围及其基本原则：一切与生产有关的支出，都计入企业产品的成本。例如工业企业，直接材料、直接工资、其他直接支出、制造费用，就构成了产品的制造成本；而管理费用、财务费用和销售费用不计入产品的制造成本，作为期间费用计入当期损益。

（三）管理成本

管理成本是由于管理的需要而产生的成本概念。在商品生产条件下，耗费和补偿是对立统一体。耗费是生产经营者个人的事情，而补偿则是一个社会过程，并非由生产经营者本人主观决定。这就迫使生产经营者必须加强成本管理，力求以较少的耗费来寻求最大的补偿，以获得最大限度的利润，从而确立了成本在管理中的地位。成本同管理的结合，决定了成本内容必须依从管理的需要而发展。随着企业间竞争的加剧，企业管理的不断深化，美国会计学会所属成本概念与标准委员会于1951年曾对成本作了如下定义："成本是指为达到特定目的而发生或应发生的价值牺牲,它可用货币单位加以衡量。”(中国成本研究会编.新现代成本管理大辞典.北京:中国物价出版社,1994.)显然,这个定义使成本的概念,无论是外延和内涵都远远超出了产品成本概念的范围,为预测、决策需要的变动成本、固定成本、边际成本、机会成本,为控制、考核需要的可控成本、责任成本等,都作为“管理成本”列入了成本的范围。

(四)财务成本

财务成本是管理成本的对称,是指根据国家统一的财务和会计法规及制度核算出来,用于企业内部成本管理和向上级机构或总公司报告的成本。财务成本也称为法定成本或制度成本。目前,我国会计核算都是按这种成本入账的,因此,还称为账面成本。

(三)费用与成本的关系

费用和成本存在着密切的关系,以至于在许多地方将两者混同使用,不加区分。严格地讲,这是两个不同的概念。费用的发生是成本形成的基础和前提条件,没有费用的发生,也就谈不上任何对象的成本,两者从本质上讲都是企业资源的一种耗费。两者的区别在于:费用是按照内容或用途对企业资源的耗费进行归类,是针对一定期间而言的;成本是按照一定对象对企业资源的耗费进行归集,是一种对象化的费用,这种对象可以是某种产品、某类产品、某一生产步骤、某一产品订单、某一作业、某一劳务等。

二、费用的分类

企业日常生产经营过程中存在着各种各样的费用,为了反映每一种费用的特征,便于管理,可以按不同的标准对其进行划分。

(一)按照经济内容(性质)分类

企业日常生产经营过程中的费用按照经济内容(性质)分为以下内容:

1.外购材料

指企业为进行日常生产经营活动而消耗的一切从外面购入的原料及主要材料、辅助材料、半成品、包装物、修理用备件和低值易耗品等。

2.外购燃料

指企业为进行日常生产经营活动而消耗的各种从外面购入的固体、液体和气体燃料。

3.外购动力

指企业为进行日常生产经营活动而消耗的各种从外面购入的电力、热力等动力。

4.职工薪酬

指企业根据有关规定应该支付给职工的各种劳动薪酬,包括职工工资、奖金、津贴和补贴,职工福利费,医疗、养老、失业、工伤等社会保险费,住房公积金等。职工薪酬是企业必须付出的人力成本,既是职工对企业投入劳动获得的报酬,也是企业的一种成本费用。

5.折旧费

指企业按照规定的方法计提的固定资产折旧费用。

6.利息支出

指企业为了借入款项而发生的利息支出冲减利息收入后的差额。

7.税金支出

指计入企业管理费用的各种税金,如房产税、车船使用税、土地使用税、印花税等。

8.其他支出

指不属于以上各项内容的费用,如差旅费、通信费、保险费、邮电费等。

以上几方面的费用是企业在日常生产经营活动中发生的基本费用,在会计实务中常常称之为费用要素或要素费用。

费用按照经济内容分类,可以反映企业在一定时期内发生的各种性质的费用及每种费用的数量,便于分析企业费用结构和水平,考核费用预算执行情况,为下一期各种费用预算的编制提供一定的依据,有利于加强对各种费用的控制和管理。

按照经济内容分类,虽然有利于分析费用的构成和比重,有利于费用预算的编制和管理,但它不能反映费用的具体用途,不便于分析费用与产品成本的关系,不便于计算与分析产品成本。为此,还应当按经济用途对其进行分类。

(二)按照经济用途分类

企业日常生产经营过程中发生的费用按其经济用途,可以分为生产费用和期间费用。

1.生产费用

生产费用是指企业在一定时期内发生于生产过程中的各种费用总和,是企业全部费用的一部分,只存在于制造业。生产费用通常包括企业在生产过程中消耗的原材料、燃料、动力、职工薪酬、折旧费、修理费、低值易耗品等。

在制造成本法(即以产品在生产制造过程中发生的各项费用作为产品成本的一种计算方法)下,一般可以设置直接材料、直接人工、制造费用三个成本项目。

直接材料,指生产过程中直接用于产品生产,构成产品实体,或直接有助于产品形成而消耗的原材料、辅助材料、动力等。

直接人工,指生产车间的生产工人的职工薪酬,包括生产工人的工资、职工福利费等。

制造费用,指企业内部生产单位(分厂、车间)为组织、管理生产所发生的各项费用,包括生产单位管理人员的职工薪酬以及折旧费、修理费、办公费、机物料消耗、低值易耗品摊销、劳动保护费等。

2.期间费用

期间费用是指企业在日常生产经营过程中发生的,不能归属于特定产品成本的费用,包括管理费用、销售费用和财务费用。期间费用发生时,不计入产品成本,直接计入当期损益。

管理费用,指企业为组织和管理生产经营活动而发生的各项费用,包括企业董事会和行政管理部门在企业的经营管理中发生的或者应当由企业统一负担的公司经费(包括行政管理部门的职工薪酬、修理费、机物料消耗、低值易耗品摊销、办公费、差旅费等)、工会经费、待业保险费、劳动保险费、董事会费、聘请中介机构费、咨询费(顾问费)、诉讼费、业务招待费、房产税、车船使用税、土地使用税、印花税等。

销售费用,指企业在销售商品或提供劳务过程中发生的费用,包括企业在销售商品或提供劳务过程中发生的运输费、装卸费、包装费、保险费、展览费和广告费,以及为销售本企业商品而专设的销售机构(含销售网点、售后服务网点等)的职工薪酬、业务费等费用。

财务费用,指企业为筹集生产经营所需资金等而发生的费用,包括利息支出(减利息收入)、汇兑损失(减汇兑收益)以及相关的手续费等。

三、成本分类

成本的形态是指成本的各种表现形式,即成本的分类。为了适应成本计算、分析、规划、控制、决策的需要,可以将成本分成以下几类。

(一)制造成本与非制造成本

成本按其经济用途可以分为制造成本与非制造成本。

制造成本是指产品在制造过程中所发生的各项产品成本。在我国现行会计制度中,其成本项目主要包括直接材料、直接人工和制造费用。不同生产特点的企业,还可根据本企业各项费用支出的比重和成本管理要求,在上述成本项目的基础上适当增加如“燃料和动力”、“废品损失”、“停工损失”等成本项目。

非制造成本是指企业在一定会计期间所发生的除产品制造成本以外的生产耗费,又称为期间费用,主要包括销售费用、管理费用、财务费用。

成本按经济用途划分是最基本的分类。按照这种分类,可以了解制造成本的构成情况,对成本计算和确定损益具有重要意义。

(二)直接成本与间接成本

成本按其归属性可以分为直接成本与间接成本。

直接成本是指与某一特定产品或劳务之间具有直接联系的成本。它是为某一特定产品或劳务所消耗,因而可以直接计入该产品或劳务成本。

间接成本是指与某一特定产品或劳务没有直接联系的成本。它是为几种产品或劳务所消耗,不能直接计入,需要按适当的标准分配计入各种产品或劳务的成本。

在成本核算实务中,直接成本是根据费用发生的原始凭证直接归集到某种产品或劳务的成本,如直接归集的原材料、动力、计件工人工资等。间接成本是指不能根据费用发生的原始凭证直接归集到产品或劳务,而需要通过分配才能计入某种产品或劳务的成本,如几种产品共同消耗的材料、工资、制造费用等。

(三)总成本与单位成本

在企业会计报告中一般都需要提供总成本和单位成本。通常只有完工产品或劳务才能计算出总成本和单位成本。

总成本是指某一特定成本计算对象经济资源的总耗费。单位成本又称为平均成本,它是以总成本除以产品或劳务数量计算的。

计算、分析总成本可以考核企业产品成本计划总的完成情况,单位成本的高低可以反映企业生产水平和管理水平的好坏。单位成本是企业确定商品单位售价的基础，总成本是企业进行生产决策时要参考的主要内容。

（四）固定成本与变动成本

成本按其与产品数量的关系可以分为变动成本和固定成本。

变动成本是指随产量的增减而成正比例变动的成本。当产量增加时，变动成本总额也随之成正比例增加；当产量减少时，变动成本总额亦成正比例减少，但单位变动成本不变。如直接用于产品生产的原料及主要材料、计件工人工资等。

固定成本是指在一定产量范围内不受产量增减变动影响的成本，即当产量增加或减少时，固定成本总额不变，产量超过一定范围时，固定成本也会变动，它具有相对固定的特性。固定成本总额不变，其单位固定成本则随产量增加而减少，随产量的减少而增加。如生产单位管理人员的工资、固定资产折旧等。

四、成本在管理中的作用

成本作为生产经营中的耗费，对企业的生存与发展、生产耗费的补偿、产品定价、生产经营决策都具有十分重要的作用。

（一）成本是企业生产经营耗费的补偿尺度

首先，无论什么企业，无论什么产品，在生产经营过程中必然要发生相应的耗费。为了保证再生产的顺利进行，企业必须在其收入中对生产经营中的耗费予以补偿。一般是以成本为尺度进行补偿。在收入一定的前提下，成本越高，补偿越多，纯收入越少；成本越低，补偿越少，纯收入越高。因此，成本和盈利是此消彼长的关系，企业只有加强对成本的控制，努力降低生产经营耗费，才可能以较低的耗费获得较高的经济效益。

其次，成本的补偿也是社会总产品的一种分配行为，属于社会分配范畴。国家也可以根据成本的经济内容，结合不同时期社会管理的需要，对成本开支范围和开支标准进行调整，影响企业生产耗费的补偿行为，达到调节社会产品分配的目的。

（二）成本是制定产品价格的基础

市场经济下，产品价格是产品价值的货币表现，产品价格应基本上符合产品价值。无论是国家还是企业，在制定产品价格时都应遵守价值规律的基本要求。但是，在实践中，人们还不可能直接计算产品价值，只能计算产品成本。因此，通过成本间接地确定产品价格，是产品定价的一种方法。特别是工业品，常常采用成本加成的定价方法，一般情况下，它是产品定价的底线。

（三）成本是企业生产经营决策的重要依据

为了适应市场竞争的需要，企业必须根据市场变化，结合自身生产经营状况，随时进行科学的经营决策。企业的生产经营决策很多，有投资项目决策、新产品开发决策、生产决策、存货决策、资金筹措决策等。许多决策方案的内容都和成本有着密切的关系，涉及成本因素，在决策方案的选择上常常以成本最小化为标准来确定最佳方案。因此，成本是企业生产经营决策中不可忽视的重要因素，要想减少或避免决策失误，必须充分考虑成本在决策中的重要作用。

（四）成本是企业生存和发展的根基

市场经济下，企业之间的竞争日益激烈，竞争手段多样化，但产品质量和产品价格竞争始终是最基本的手段。产品价格的竞争，也就是产品成本的竞争。一般来说，在质量和性能相同的前提下，只有成本越低，售价才有可能越低。任何企业都不可能做到商品售价长期低于成本。特别是在买方市场下，一定时期内市场容量总是有限的，企业只有生产出适销对路、成本较低的产品，才有可能在收入规模一定的情况下，获得更多的利润，在竞争中处于有利的地位，也才有可能获得生存与发展。现实生活中，成功的企业无一例外地在市场竞争中具有一定的成本优势，它们的产品既适应市场需求，又价廉物美，低于同行业的平均成本水平。

第二节 成本会计的职能

一、成本会计的形成和发展

成本会计是会计学科的一个重要分支，它是以成本为对象的一种专业会计。成本会计是随着社会经济的发展而逐步形成和发展起来的。

在资本主义生产以前的工场生产时期，工场在接受顾客的订货时需要定价，于是就出现了满足定价需要的估计成本。为了使估计成本接近实际，开始用统计的方法来计算和汇总生产中发生的直接费用，对于数额不大的间接费用则作为损失来处理。这种极为粗略的匡算为成本计算奠定了基础。

在产业革命完成以后，社会生产力获得了飞速发展，企业纷纷采用股份制的形式来吸收资本、扩大生产规模。此外，这一时期资本主义国家机器也日趋健全，税收制度也逐步完善。国家为了实现对经济的监督和调节功能，督促纳税人及时足额地缴纳税金，要求按照公认的会计原则归集、分配和计算产品成本。这一时期形成了费用分配、成本计算的一些专门方法。成本计算与复式记账的结合，标志着成本会计的形成。刚形成的成本会计是以事后的成本计算为重点的。这种对成本费用的实际发生额的记录、反映和事后的核算，在现代成本会计仍是不可缺少的重要职能，但它不能满足社会经济的发展对成本管理提出的新的要求。

20世纪初，资本主义经济迅速发展，市场竞争更趋激烈。企业为了增强竞争能力，在“泰勒制”的推动下，“预算控制”、“标准管理”等科学的管理方法运用于会计，实施标准成本制度，使成本会计在原有的成本计算的基础上，增加了事前控制的新内容，把成本会计的领域从事后核算向事前控制推进。此时的成本会计可称为近代成本会计。

第二次世界大战以后，大量的军工企业转产民用品，战争中发展起来的现代科学技术大规模地应用于生产领域。新技术广泛应用，新产品不断出现，产品数量大量增加，商品供大于求，买方市场正式形成，企业之间的竞争更为激烈。企业为了在激烈的竞争中生存和发展，在发展新技术、开发新产品的同时，眼光更进一步地集中在成本上。他们意识到，要进一步大幅度降低成本，必须在产品投产前，对可能发生的成本进行预测，制订出各种不同的成本方案，然后通过权衡利弊，充分论证，从中选出最优方案，作为经营决策的依据。为此要求会计人员不仅做好生产过程中的成本控制和事后的成本核算和分析工作，更要做好成本的预测和决策，确定最佳成本方案，加强事前的成本控制。成本会计的这部分职能的形成，标志着成本会计已发展到现代成本会计阶段。现代成本会计的职能已经发展成为以核算为基础，以控制为手段，包括预测、决策、计划、控制、核算、分析和考核的职能体系。可以说，现代成本会计是成本核算与生产经营的直接结合，它是运用专门的管理技术和方法，以货币为主要计量单位，对生产经营过程中的劳动耗费，进行预测、决策、计划、控制、核算、分析和考核的一系列价值管理活动。成本会计具有成本预测和成本决策的职能，是现代成本会计区别于以往各时期成本会计的一个重要指标。

二、成本会计的职能

成本会计的职能是指成本会计在企业的生产经营活动中所能发挥的作用。我们由上述成本会计形成和发展的过程可以看出，成本会计的职能也有一个逐步完善的过程。现代成本会计的职能主要有如下7个方面：成本预测、成本决策、成本计划、成本控制、成本核算、成本分析和成本考核。

（一）成本预测

成本预测是在认真分析企业现有经济技术条件、市场状况及其发展趋势的基础上，根据与成本有关的各种数据，采用一定的专门方法，对企业未来的成本水平及其变化趋势所进行的科学预算。通过成本预测，可以提高降低成本的自觉性，减少成本管理的盲目性，有利于寻求降低成本的有效途径，充分挖掘降低产品成本的潜力。成本预测是进行成本决策和编制成本计划的基础。

（二）成本决策

成本决策是根据成本预测提供的数据和其他有关资料，制订出优化成本的各种备选方案，运用决策理论和方法，对各个备选方案进行比较分析，从中选择最优方案确定目标成本的过程。进行成本决策，确定目标成本是编制成本计划的前提，也是实现成本的事前控制、提高经济效益的重要途径。

（三）成本计划

成本计划是在成本预测和成本决策的基础上，为保证成本决策所确定的成本目标的实现，具体规定在计划期为完成生产经营任务所应发生的生产耗费和各产品的成本水平，并提出为达到规定的成本水平所应采取的具体措施，以书面文件的形式下达各执行部门和单位。成本计划是降低成本的具体目标，也是进行成本控制、成本分析和成本考核的依据。成本计划的编制过程，也是进一步挖掘降低成本潜力的过程。

（四）成本控制

成本控制有广义和狭义之分。广义的成本控制泛指对整个生产经营活动过程中各种费用的发生进行引导和限制，以达到降低成本、提高效益目的的全部活动。从过程上来看，包括产品投产前的事前控制，生产过程中的事中控制和费用发生后的事后控制。事前的成本控制是在工厂的改扩建、新产品的设计、老产品的改造等阶段，即在产品投产前所进行的一系列降低成本的活动。事中的成本控制是指在产品成本的发生过程中所进行的控制产品成本的活动，包括对原材料采购、生产准备、制造加工直到产品入库整个过程中所发生的料工费及其他支出所进行的控制。事后的成本控制是指在产品成本形成以后所作的分析和考核。这是对过去成本控制的总结。通过总结，揭示问题，找出差距，分析原因，为未来的成本控制指明方向。狭义的成本控制仅指事中的成本控制，以成本计划为依据，采用各种有效的方法，将各项费用的发生限制在计划控制范围之内，以保证成本计划的顺利执行。

（五）成本核算

成本核算是指运用各种专门的成本计算方法，按照规定的成本项目，通过费用的归集和分配，计算出各种产品的总成本和单位成本，并进行相应的账务处理。成本核算是成本会计工作的核心。成本核算的过程，既是对产品生产过程中的各种劳动耗费进行如实反映的过程，也是对产品生产过程中各种费用的发生实施控制的过程。通过成本核算提供的资料，可以了解成本计划的完成情况，为编制下期成本计划，进行未来的成本预测和成本决策提供依据。

（六）成本分析

成本分析是根据成本核算提供的资料和其他有关资料，将本期实际成本与本期计划成本、上年同期成本以及国内外同类产品的成本水平进行比较，确定成本差异，分析形成原因，明确应负责任的单位和个人，以便采取措施，改进管理，挖掘降低成本的潜力。成本分析一般在事后进行，其主要内容包括全部产品成本计划完成情况分析，可比产品成本计划完成情况分析，单位产品成本分析，生产费用预算执行情况分析，主要经济技术指标变动对成本影响分析，国内外同类产品成本对比分析等。

（七）成本考核

成本考核是在成本分析的基础上定期对成本计划执行情况进行的总结和评价。成本考核要以成本计划的实施者即成本责任的承担者为对象，以其可控制成本为界限，来考核其成本指标的完成情况，以及评价其责任业绩和决定其奖惩，将成本管理的责、权、利紧密结合起来，以便充分调动企业内部各部门、单位以及个人履行经济责任、执行成本计划的积极性。

成本会计的各项职能，是相互联系、相互补充的，从而构成一个有机的整体。成本预测是成本决策的前提，成本决策是成本预测的目的。成本计划是成本决策所确定的成本目标的具体化，成本控制对成本计划的实施进行监督，是保证成本计划完成的重要手段。成本核算是对决策目标是否实现的最后检验，通过成本分析，可对成本决策的正确与否作出判断。通过成本考核，调动各方面的积极性，可为成本计划的实现提供保证。

在成本会计的职能体系中，成本核算是成本会计最基本、最重要的职能。成本预测、成本决策、成本计划必须以过去的成本核算资料为重要依据；成本控制也依据成本核算提供的各种信息实施控制；成本考核和成本分析更需要成本核算提供成本计划实际完成情况的数据资料。没有成本核算就没有成本会计，没有成本核算职能，也就不存在成本会计的其他职能。

由于教育部制定的中等职业学校会计专业教学方案中会计主干课程是由“基础会计”、

"企业财务会计"、"成本会计"、"企业财务管理"、"管理会计"几门课程组成的,关于成本的预测、决策、计划、控制和考核的内容在"企业财务管理"、"管理会计"等课程中讲述。故本书仅讲述成本的核算和分析。

第三节　成本会计工作的组织

一、成本会计机构

企业的成本会计机构,是在企业中直接从事成本会计工作的职能部门。建立成本会计机构就为搞好成本会计工作提供了组织上的保证。机构的设置应与企业规模的大小、业务的多少和管理的体制相适应。

由于成本会计工作是企业会计工作的一部分,因而,企业的成本会计机构应是会计机构的一部分。在大中型企业,应在会计机构中,单独设置成本会计科或成本会计股,在总会计师的领导下负责成本会计的各项工作。在规模较小的企业,即使不成立成本会计的专门机构,也应配备专职的成本会计人员负责成本会计工作。

作为企业的管理体制,有集中和分级两种形式,与之相适应,成本会计也有集中和分级两种组织形式。

集中管理的组织形式,是指厂部的成本会计机构集中处理企业的全部成本会计事务,在这种方式下,企业的成本预测、决策、计划、核算、分析和考核集中到厂级会计机构进行,企业各内部单位一般不配备成本核算人员或仅配备兼职的成本核算人员。这种组织形式的优点是厂部建立成本会计机构可以比较及时地掌握整个企业有关成本的全部信息,便于成本数据的集中处理,还可以减少成本会计机构的层次和成本会计人员的数量;不足之处是不便于进行责任成本的核算,也不便于直接从事生产经营活动的各单位和职工及时地掌握本单位的成本信息,不利于调动群众参与成本管理的积极性。

分级管理的组织形式,是指成本会计中的计划、控制、核算和分析等工作,下放到企业的各内部单位的成本会计机构或人员进行,成本考核工作由上一级成本会计机构对下一级成本会计机构逐级进行。厂部成本会计机构负责对下一级成本会计机构或人员进行业务上的指导和监督,并对全厂的成本进行综合的计划、控制、分析和考核工作,以及对全厂成本核算工作进行汇总核算工作。成本的预测和决策工作一般仍由厂部成本会计机构来集中进行,这种组织形式的优点是有利于企业各内部单位增强成本意识,加强成本的控制和核算,但会增加成本会计的机构和人员。

二、成本会计人员

成本会计人员是专门从事成本会计工作的专业技术人员。在企业的成本会计机构中配备一定数量的政治素质、业务素质都过硬的成本会计人员是做好成本会计工作的决定性因素。成本会计人员不仅要精通业务,熟悉并认真执行有关方针、政策和法规,而且要深入生产第一线，了解成本的形成过程，具有成本管理的发言权；要通过会计的各项职能，充分挖掘企业降低成本的潜力，促使企业不断降低成本；要积极参与企业的经营决策，提出改进企业生产经营管理的合理化建议，当好企业负责人的参谋。

成本会计人员有权要求企业有关单位和个人认真执行成本计划，严格遵守有关的法规和制度；有权参与制订企业的生产经营计划和各项定额；有权参与有关的生产经营管理会议；有权监督检查企业内部各单位对成本计划和有关法规、制度的执行情况。

三、成本会计制度

成本会计制度是组织和从事成本会计工作必须遵循的工作规范。因此，正确地制定和严格地执行成本会计制度是做好成本会计工作的重要条件，是成本会计工作组织的一项重要内容。成本会计制度按制定的主体不同，可分为上级主管部门制定的成本会计制度和企业内部制定的成本会计制度。上级主管部门制定的成本会计制度如财政部根据《会计法》、《企业财务通则》和《企业会计准则》制定的《企业会计制度》、各种具体准则和各行业会计制度中涉及成本开支范围、资产计价标准、成本结转方式等的内容。上级主管部门制定的成本会计制度是各企业都必须遵守的成本会计工作规范。只有各企业都认真遵守成本会计制度，才能使成本会计资料满足国家宏观调控的需要。由于企业的情况千差万别，各具特点，因此各企业应根据自身生产和经营的特点，适应内部经营管理的具体要求，在不违背会计法规和上级主管部门制定的成本会计制度基本原则的前提下，制定企业内部的成本会计制度。企业内部的成本会计制度的内容应包括对成本进行预测、决策、计划、控制、核算、分析、考核等作出决定。一般应包括以下几个方面：

1.成本预测和决策制度；

2.成本定额和成本计划编制制度；

3.成本控制制度；

4.成本核算制度；

5.成本报表制度；

6.成本分析制度。

成本会计制度一经制定，要严格执行，且保持相对的稳定性。但是，随着客观形势的发展，以及人们对客观事物认识的深化，在成本管理中也应开拓创新，与时俱进，对成本会计制度进行积极而又慎重的修改。

四、成本会计的基础工作

成本会计的基础工作是进行成本会计工作的前提条件。只有加强成本会计的基础工作，才能使成本会计工作顺利开展，履行自身职能，完成预期任务。成本会计的基础工作，主要有如下内容：

（一）建立健全原始记录制度

原始记录是指按规定格式，对企业的生产经营活动所做的最初记录。它是反映企业生产经营情况的第一手材料，是编制成本计划、制定各项定额的主要依据，是成本管理的重要基础。企业应建立各方面的原始凭证,统一规定其格式、内容和计算方法,以及填写、签署、传递、汇总、存档等制度,保证全面、准确、及时地提供有关信息。

一个企业的原始记录是非常广泛的,与成本会计有关的原始记录主要有如下几类:

1.反映设备使用情况的原始记录;

2.反映物资收发的原始记录;

3.反映劳动工资方面的原始记录;

4.反映生产活动及产品产出的原始记录;

5.反映费用开支的原始记录。

以上各种原始记录,必须做到填写准确、书写清楚、签署齐全,并按照规定及时进行传递和汇总计算,还要按照规定定期归档保存。

(二)建立健全定额管理制度

定额是指在企业的生产经营活动中,对人力、物力、财力的配备、利用和消耗以及获得成果等方面所应遵循的标准和应达到的水平。定额管理是成本管理的基础,是进行成本预测、决策、计划、控制和考核的依据,也是衡量经营成果的尺度。没有科学的定额就难以制订先进可行的成本计划,考核经济效益也就失去了科学依据。

企业实施定额管理所应制订的主要定额有:

1.物资消耗定额;

2.设备利用定额;

3.劳动定额;

4.费用支出定额。

制订定额常用的方法有:统计分析法、技术测定法和经验估算法,定额的制订既要先进又要合理。所谓先进是指只有经过努力才能做到;所谓合理是指只要经过努力就能够做到。两者任何一点做不到,制订的定额都称不上先进可行,都不利于调动群众执行定额的积极性。

(三)建立健全物资管理制度

物资管理制度是指企业关于材料物资和产成品的计量、检验、出入库、盘存等方面的规定。企业一切物资的收发,都要经过严格的计量。要配备必要的计量器具,并建立计量器具的维修和校验制度,确保其准确无误;一切物资的收发领退,都要有严格的交接手续。有消耗定额的材料,应实行限额领料,无消耗定额的材料,也应按合理需要领料;对于库存的物资,要定期进行清查盘点,分析盘盈盘亏的原因,保护物资的安全完整,为正确计算产品成本提供可靠依据。

(四)建立健全内部结算制度

企业内部的结算制度,是企业内部各部门、单位之间相互提供产品和劳务进行收付结算的一种制度。建立内部结算制度,有利于明确各部门、单位之间的经济责任,便于进行成本责任的考核,确定各自的工作业绩。进行内部结算还需要制定内部结算价格,内部结算价格一般根据计划成本来确定,也可采用协议价格。内部结算价格一经确定,应保持相对的稳定性,不宜随意变动。

（五）建立健全责任考核制度

责任考核制度是适应经济责任制的要求，以责任单位为对象，以经济责任为内容的一种内部控制考核评价制度。成本、费用的开支控制是发生成本、费用的单位和部门应承担的经济责任，成本责任的考核应是责任考核制度的重要内容。建立健全责任成本考核制度，应根据责任分解、分级管理的原则，在企业内部设立若干成本单位，将企业的成本目标进行层层分解，分配落实到各个责任单位。各自对本单位的责任成本负责，厂长对全厂的全部成本负责。通过责任成本核算，反映实际与预算数的差异，并分析其形成原因，对各责任单位的工作实绩做出客观评价，按照制定的办法实施奖惩。通过建立责任成本考核制度，可以明确各内部单位的经济责任，将成本控制与自己的切身利益密切结合起来，调动全体职工的成本管理积极性，为企业成本会计任务的实现，奠定群众基础。

【视野纵横】

经济成本与会计成本的联系与区别

经济成本是企业使用的所有资源总的机会成本。

企业除发生看得见的实际成本——显性成本（诸如企业购买原材料、设备、劳动力，支付借款利息）外，还存在着隐性成本。它是指企业自有的资源，实际上已经投入，但在形式上没有支付报酬的那部分成本。

例如，某人利用自己的地产和建筑物开了一个企业，那么此人放弃了向别的厂商出租土地和房子的租金收入，也放弃了受雇于别的企业而可赚得的工资，这些隐性成本并没有列入企业的账册，导致经营利润偏高。而事实上，这种以自己拥有的资源投入，存在着自有要素的机会成本，应该被看做是实际生产成本的一部分。因此，在经营决策时应用经济成本概念，经济成本是显性成本和隐性成本之和。

所谓的经济成本是指由于课税而使纳税人被迫改变经济行为所造成的效率损失，又叫税收无谓损失、税收超额负担或者税收扭曲成本。现代税制建立的原则之一是税收要保持中性，但征税难免会引起相对价格变化，扭曲消费者和生产者的选择，导致总产出的损失而产生经济成本，主要表现在：

(1)税收对生产方面造成的效率损失，包括降低产出水平、扭曲要素组合、刺激资源向低效益部门流动等；

(2)税收对消费方面造成的效率损失，在理论上主要采用消费者剩余损失来度量；

(3)税收干预所导致的寻租活动的成本；

(4)因偷逃税的存在造成的经济行为扭曲。

会计成本是显性成本，它可以用货币计量，是可以在会计的账目上反映出来的。除了会计成本之外，还有一种隐性成本。隐性成本往往不被管理者所认识。它与显性成本即会计成本有很大的不同。一般来说，隐性成本不能直接从账面上反映出来，因而难以精确计量。比如，机会成本就属于隐性成本。

经济成本是显性成本与隐性成本二者之和。因而经济成本是一个比会计成本含义更广泛、内容更丰富的概念。可以毫不夸张地说,经济成本几乎涉及了企业所有的经济内容和领域。经济成本是企业运作过程中的全部成本,有些经济成本项目,我们没有认识到,也有些经济成本项目,我们虽然也知道它的存在,但却没有把其当做独立的成本项目来进行分析,比如组织成本。企业只有销售最终产品和向外提供服务才能从市场取得收入,而在企业内部为了组织生产,就要建立各种组织。特别是对于大企业,其组织可能是相当庞大的,组织的结构可能是相当复杂的,而要维持这些组织的正常运转就必然有支出,有时支出可能是很大的,这些支出就是组织成本。

企业中的组织成本通常不构成独立的成本项目,因而企业没有对它进行单独的核算和分析。其实组织成本在企业的总成本构成中占有极其重要的地位,它由显性部分和隐性部分构成。其中管理人员的工资、组织机构的运作经费等都属于组织成本的显性部分,而如由于组织机构臃肿等原因而降低了组织机构的效率就属于组织成本的隐性部分。企业的隐性成本还有很多表现,如影响力成本、权威失灵成本、信息失真成本等。

既然经济成本比会计成本含义更广泛、内容更丰富,因此我们在进行决策时不单要考虑到会计成本,更要考虑到经济成本。只有在显性成本和隐形成本的管理上都取得了成本优势,企业才能在总成本上取得优势,才能在激烈竞争中独占鳌头。

本章小结

- 概述
  - 费用成本及其分类
    - 费用的概念、成本的概念
    - 费用与成本的关系
    - 费用的分类
  - 成本会计的职能
    - 成本会计的形成
    - 成本会计的发展
    - 成本会计的职能
  - 成本会计工作的组织
    - 成本会计机构
    - 成本会计人员
    - 成本会计制度
    - 成本会计的基础工作

第二章　成本核算的基本要求和一般程序

学习目标

了解产品成本核算的基础要求，熟练掌握应该计入成本、费用的项目和不应计入成本、费用的项目，掌握划分各种费用界限的要求，熟练掌握生产经营费用的要素和产品成本项目，了解成本核算的一般程序，熟练掌握和运用成本核算设置的账户。

本章导读

产品成本核算要求企业必须做好各项基础工作。生产经营费用要素和产品成本项目，是工业企业各种费用两种最基本的分类。产品成本的计算过程，是按照工业企业成本核算要求对费用进行确认归集分配、再归集再分配的过程。

第一节　成本核算的基本要求

一、坚持成本核算原则

正确计算产品成本，提供真实可靠的成本信息，应当遵循以下成本核算原则：

（一）实际成本计价原则

企业应按实际成本进行成本核算。以实际成本为基础的成本核算要求企业按照实际发生的支出进行成本、费用的归集和计算。实际成本以账面数据为依据，一般具有客观性。在核算过程中，若采用定额成本方法或计划成本方法，必须合理计算成本差异，月末编制财务会计报表时应调整为实际成本。

（二）定期核算原则

成本核算应当定期进行，成本核算期一般以月为单位。各月完工产品成本核算时间应一致，以保证成本的真实性和各期成本的可比性。对于跨期生产而月末尚未完工的产品，也应按月归集生产费用,计算生产成本。

(三)权责发生制原则

企业在生产过程中发生的各项费用是否计入生产成本,应按权责发生制予以确认。凡在本期已经支付、但应由以后各期负担的生产费用,应按一定标准和适当的方法分配计入有关会计期间的生产成本;凡应由本期产品负担的生产费用,无论是否支付,应采用预提方式计入本期产品成本。

(四)一贯性原则

企业应根据生产类型特点及成本管理要求确定成本计算方法, 一经确定, 不得随意变动。在成本计算过程中,间接费用的分配方法也应保持相对稳定。

二、明确成本开支范围

成本开支范围是成本核算的重要依据。在成本核算过程中,要严格执行国家规定的成本开支范围,划清应计入产品成本的费用和不应计入产品成本的费用界限。成本开支范围主要包括:

1.产品生产过程中实际消耗的各种原材料、辅助材料、外购半成品、燃料、动力、包装物等物料的实际成本;

2.生产过程中因使用固定资产发生的折旧费、修理费、租赁费等;

3.生产过程中因使用低值易耗品和无形资产所发生的摊销费;

4.生产过程中人员的工资和按规定比例提取的福利费等;

5.生产过程中所发生的制造费用等;

6.与产品生产有关并应计入产品成本的其他费用。

企业为购置和建造固定资产、购入无形资产和其他资产的支出,对外投资的支出,被没收的财务,各种罚款、赞助、捐赠支出以及国家规定不得列入生产成本的其他支出,不能作为成本开支范围。

三、做好成本核算基础工作

(一)建立健全企业成本核算制度

为了规范企业的成本核算工作,加强成本管理及控制,企业应根据《中华人民共和国会计法》、《企业会计准则》以及《企业会计制度》等有关法规,结合本企业产品生产经营的特点,制定企业的成本核算制度,如原始记录制度、定额管理制度、材料物资管理制度、内部结算制度、成本会计人员岗位责任考核制度等。企业的成本核算制度应明确成本核算目的,规范成本核算会计科目和核算内容,尤其是明细科目的设置及具体核算内容,确定适用的成本计算方法等。

(二)做好定额资料的制定和修订工作

产品的各项消耗定额既是编制成本计划、分析和考核成本水平的依据,也是审核和控制成本的标准。在计算产品成本时, 产品的原材料消耗定额和工时定额是分配实际费用的标准。因此，为了加强生产管理和成本管理，企业必须建立和健全定额管理制度，凡具备定额管理能力的企业，都应制定科学、合理、切实可行的消耗定额标准，并随着企业科技水平的发展、生产技术的进步、劳动生产率的提高，不断修订消耗定额，以充分发挥其应有的作用。

（三）建立健全存货收发领退存的计量和记录制度

做好存货收发领退存的计量和记录工作是加强成本管理、正确计算产品成本的重要前提。为此，企业应严格实施物料保管制度、计量制度，做好存货收发领退存的原始记录，建立健全在产品、产成品、库存商品保管、移交、传递制度，库存材料应定期清查、盘点，做到账物相符，避免各种在产品、产成品和库存商品及物资的差错和霉烂变质，防止积压浪费和贪污盗窃，以保护财产的安全。

（四）正确确定财产物资的计价和价值结转方法

企业的财产物资是生产资料，也是准费用、准成本，其价值将随着消耗转移到产品成本或费用中去。因此，财产物资的计价方法和价值转移方法是影响产品成本准确性的重要因素。这些方法包括固定资产原值计算方法，固定资产价值转移方法(即折旧方法)，固定资产与低值易耗品和包装物的划分标准、摊销方法，材料采购成本的构成内容及发出材料的计价方法等。为正确计算产品成本，对于各种财产物资的计价和价值转移以及各种费用的分配都应规定科学、合理、简便易行的方法，一经确定，应保持相对稳定，不得任意改变。

四、划清成本费用界限

为了做好成本核算工作，正确计算产品成本，应当正确划分生产过程中各种费用的界限。

（一）正确划分收益性支出与资本性支出的界限

企业发生某项支出是为了获得一定的收益，但一项支出的受益期可能仅为本期，也可能是多个会计分期。如按月支付的职工工资，其受益期仅为当期(月)；但若购入一台使用年限为6年的机器设备，则该设备在正常情况下的受益期应为6年。通常，我们把支出的效益仅与本会计年度相关，因而应在本会计年度实现的收入得到补偿的支出，称为收益性支出，如工资支出；而把支出的效益与多个会计年度相关，故应在多个会计年度所实现的收益中逐步得到补偿的支出称为资本性支出，如购置固定资产支出。

按照配比原则，收益性支出应全部作为本期费用，而资本性支出则应按一定比例(标准)分别作为多个会计期间的费用。可见，合理划分收益性支出与资本性支出的界限，是正确计算企业成本费用和各期损益的重要基础。

（二）正确划分成本支出与期间费用的界限

我国企业产品生产成本核算一般实行制造成本法。制造成本法的产品成本包括制造产品所耗费的生产费用，不包括期间费用。

期间费用由管理费用、销售费用、财务费用组成，是企业管理部门为组织、管理企业的生产经营活动以及为进行产品销售等而发生的费用。期间费用是发生在产品制造过程之外的费用，与企业产品生产过程没有直接联系，不应或不便直接计入产品生产成本，但其发生与企业当期的生产经营管理能力有关，应直接计入当期损益。

（三）正确划分各个会计期间的费用界限

为了按期考核和分析产品成本计划的完成情况，核算财务成果，企业一般应按月结算费用，计算产品成本。对于应计入产品成本的费用，必须分清是应由本期产品成本负担还是应由以后各期产品成本负担。凡应由本期产品成本负担的费用，应全部计入本期产品成本；对于本月支付或发生、但属于本月及以后各月受益的生产费用，应列作待摊费用或长期待摊费用，然后按受益期分配计入各月的成本、费用；对于本月虽未支付或发生，但应由本月负担的生产费用，须通过预提的方式计入本月成本、费用。对于非本期的成本、费用，要防止利用待摊预提的方法任意调剂各期产品成本的错误做法。

（四）正确划分各种产品的费用界限

为了正确计算各种产品成本，企业必须将应由本期产品成本负担的生产费用在各种产品之间进行分配。对于凡能分清应由某种产品成本负担的生产费用，应根据费用原始凭证直接计入该种产品的成本；不能分清应由哪种产品负担的费用，应采用适当方法加以分配，计入各种产品成本。同时，还应注意划清可比产品与不可比产品、盈利产品与亏损产品的费用界限。要坚决制止在可比产品与不可比产品之间、盈利产品与亏损产品之间任意增减费用，借以掩盖成本超支或以盈补亏，弄做虚假的错误做法，确保各种产品成本的真实性。

（五）正确划分完工产品与本月末在产品的费用界限

企业在月末将各项费用计入各种产品成本之后，还应当采用适当的分配方法将生产费用在完工产品与月末在产品之间进行分配，以便正确计算完工产品成本和月末在产品成本。分配的方法既要科学合理，又要简便易行，不得任意提高或压低月末在产品成本，防止出现人为地调节完工产品成本水平的情况。

生产成本费用界限的划分过程也是产品成本的计算过程。成本费用界限的划分应贯彻受益原则，即谁受益谁负担，何时受益何时负担，负担多少应与受益程度成正比。只有这样，才能较好地保证成本计算的准确、真实。

第二节　成本核算的一般程序

一、成本核算的账户设置

为了正确、科学地进行产品成本的计算，企业应将产品成本计算与会计账簿组织有机结合起来，通过设置和运用成本核算的有关账户，并在账户上按照生产费用的经济用途进行归集和分配费用，计算产品成本。根据国家会计制度规定以及企业生产费用核算和产品成本计算的需要，一般应设置以下账户：

（一）"生产成本"账户

"生产成本"账户属于成本类账户，用来核算企业生产的各种产品（包括产成品、自制半成品、提供劳务等)、自制材料、自制工具、自制设备等所发生的各项生产费用。

为了分别核算基本生产成本和辅助生产成本,该账户下应设置“基本生产成本”和“辅助生产成本”两个二级明细账户,并分别按成本计算对象(产品品种、类别、批别或劳务名称)设置明细账,在明细账中按成本项目设专栏进行明细核算。

1.“生产成本——基本生产成本”账户

该账户用来核算企业为生产各种产品、自制材料、自制工具、自制设备所发生的各项生产费用。基本生产所发生的各种费用,计入该账户的借方,直接成本可根据有关原始凭证直接计入,间接成本则需按照一定的方法分配后计入;完工入库的产品成本,计入该账户的贷方;期末余额在借方,为尚未完工的产品成本。对于设置了自制半成品库的企业,已完工并验收入库的自制半成品成本,应从“生产成本——基本生产成本”账户的贷方转入“自制半成品”账户借方。该账户一般按成本计算对象设置明细账户。

2.“生产成本——辅助生产成本”账户

该账户用来核算企业为基本生产车间和厂内其他部门提供产品、劳务所发生的各项生产费用。辅助生产所发生的各种费用,计入该账户的借方,直接成本可根据有关原始凭证直接计入,间接成本则需按照一定的方法分配后计入;月末要计算各辅助生产车间所提供劳务、产品的成本,按消耗劳务、产品的车间、部门,该账户结转到“生产成本——基本生产成本”、“制造费用”等账户及其明细账户或费用项目。如果辅助生产车间所制造的工具、模具入库,则转入“原材料或低值易耗品”账户的借方及其明细账户。该账户月末一般没有余额,如有余额,表示尚未加工完成的辅助生产在产品成本。

(二)“制造费用”账户

该账户属于成本类账户,用来核算企业的生产单位(车间或分厂)为组织和管理产品生产、提供劳务而发生的各项间接费用。

该账户应按不同的车间、部门设置明细账并按费用的项目进行明细核算。

企业发生的制造费用,借记该账户,贷记“原材料”、“银行存款”、“其他应付款”、“应付职工薪酬”、“累计折旧”等账户;月终,应按企业成本核算办法的有关规定,分配计入有关的成本核算对象,借记“生产成本(基本生产成本、辅助生产成本)”账户,贷记该账户。该账户除季节性生产企业外,月末应无余额。

(三)“管理费用”账户

该账户属于损益类账户,用来核算企业行政管理部门为组织和管理生产经营活动而发生的费用,包括管理部门人员工资和福利费、办公费、折旧费、差旅费、修理费等。该账户借方登记企业发生的各项管理费用;贷方登记期末转入“本年利润”账户的数额;期末结转后无余额。该账户按费用项目设置多栏式明细账进行明细分类核算。

(四)“财务费用”账户

该账户属于损益类账户,用来核算企业为筹集生产经营所需资金而发生的费用,包括利息支出(减利息收入)、汇兑损失(减汇兑收益)以及相关的手续费等。该账户借方登记企业发生的各项财务费用;贷方登记冲减财务费用项目及期末转入“本年利润”账户的数额;期末结转后无余额。该账户按费用项目设置多栏式明细账进行明细分类核算。

(五)"销售费用"账户

该账户属于损益类账户,用来核算企业在产品销售过程中所发生的各项费用。该账户借方登记企业发生的各项销售费用,包括由本企业负担的运输费、装卸费、包装费、保险费、广告费以及为销售本企业产品而专设的销售机构的各项经费;贷方登记转入"本年利润"账户的数额;期末结转后无余额。该账户按费用项目设置多栏式明细账进行明细分类核算。

(六)"废品损失"账户

该账户用来归集和分配企业发生的废品损失费用。企业发生废品损失(包括可修复废品的修复费用和不可修复废品的已耗成本)时,借记该账户;废品残料的回收价值和应负责任人的赔款及分配转出的废品净损失,记入该账户的贷方;该账户月末一般无余额。

该账户应按车间设置明细账,账内按产品品种分设专户,并按成本项目设专栏进行明细核算。

(七)"停工损失"账户

该账户用来归集和分配企业发生的停工损失费用。企业发生停工损失时,借记该账户;应收赔款、应计入营业外支出的损失以及分配转出停工损失,记入该账户的贷方;该账户一般月末无余额。

该账户应按车间设明细账,账内按产品品种设专户,并按成本项目设专栏进行明细核算。

对于需要单独核算废品损失和停工损失的企业,也可以不单独设置"废品损失"和"停工损失"账户,而是在"生产成本——基本生产成本"二级明细账户下分别设置"废品损失"和"停工损失"三级明细账户进行核算。

二、成本核算的一般程序

产品成本核算包括生产费用核算和产品成本核算两个方面。企业在具体进行生产费用归集、分配和产品成本核算之前,除了要考虑设置哪些成本核算账户之外,还必须做好其他一些前期准备工作。

(一)产品成本核算的前期准备工作

要想保证产品成本核算的质量,提高核算工作的效率,实现正确计算成本的目的,必须做好以下几项前期准备工作:

1.正确划分成本核算环节

所谓正确划分成本核算环节,就是首先应当在会计上将企业生产单位根据生产目的、职能划分为两种类型:一种是直接从事产品生产的基本生产单位;另一种是服务于产品生产的辅助生产单位。前者是产品成本核算的基本环节,后者则具有过渡性质,最终需要将辅助生产单位的费用分配给基本生产环节。

不同企业,成本核算环节的划分是有差别的,主要根据其生产目的进行划分。

2.确定成本核算对象,选择成本核算方法

企业应当根据自身的生产特点,结合成本管理要求,确定具体的成本核算对象。

所谓成本核算对象,就是归集生产费用,积聚成本的对象,也就是生产费用的最终承担者。在实务中,成本核算对象的确定是开设基本生产明细账的前提条件。

成本核算对象的确定,有赖于成本核算方法的选择。不同成本核算方法下,其成本核算对象是不同的。因此,企业必须根据生产类型及管理上对成本核算数据的要求选择成本核算方法。基本的成本核算方法有品种法、分批法、分步法,辅助成本核算方法有分类法、标准成本核算法等。

3.确定各种产品的成本项目

各种成本核算对象所消耗的生产费用很多,对它们必须按照一定的成本项目进行归集和计算,以便反映产品成本的基本构成情况。企业应当根据《企业会计制度》的规定,根据生产特点和管理上的要求考虑本企业产品的成本项目设置问题。

成本项目设置与会计核算工作量有着直接联系,不宜设置得太细、太多,应以满足成本管理为限。在后面章节的举例中,我们一般设置"直接材料"、"直接人工"、"制造费用"三个成本项目,但这并不等于说只能设置这三个项目,应根据产品成本构成,按照重要性原则设置。

(二)产品成本核算的一般程序

在具体进行产品成本核算时,首先应对生产过程中发生的各项费用进行严格的审核和控制。审核时可以企业制定的成本计划、费用消耗定额、费用预算等为依据,以防止生产过程中不必要的超支和浪费,对于损失和浪费严重的行为应当追究有关责任者的经济责任。在加强费用审核控制的同时,应分清计入产品成本的费用和不计入产品成本的费用界限。凡不能计入产品成本的费用,应根据费用的性质和用途、地点计入相关账户。其次应根据有关费用凭证,将应计入产品成本的费用按照费用用途进行归集和分配,在分清本期成本、非本期成本及各种产品成本界限的基础上,将费用计入各种产品成本中的成本项目。期末如果既有完工产品又有在产品,还需将该产品各成本项目生产费用合计数在完工产品与在产品之间进行分配,计算出完工入库产品总成本和单位成本。

综上所述,产品成本核算的一般程序可以归纳为以下几个步骤:

1.分析各项生产费用

对生产过程中发生的各项生产费用进行审核和控制,编制各种要素费用分配表,按制度规定的成本开支范围和标准,分清哪些费用可以计入产品成本,哪些费用不应计入产品成本。

企业在生产过程中发生的要素费用有材料、燃料、动力、职工薪酬、折旧等费用。在加强费用审核和控制的前提下,应按照成本核算对象和费用发生的用途、地点、部门,填制实际发生的各项费用的原始凭证,如领料单、工资结算单、折旧计算表等,然后根据费用发生的原始凭证或原始凭证汇总表,根据一定的分配标准编制各种要素费用分配表,如原始费用分配表、动力费用分配表、工资费用分配表、折旧费用分配表等,据以计入"生产成本"、"制造费用"等账户。

2.分配辅助生产费用

由于辅助生产是为基本生产提供产品或服务的，为了计算基本生产车间各种产品的成本，必须先对辅助生产车间、单位发生的费用进行分配。

对归集于各辅助生产明细账的费用，除了应将本月完工入库自制材料、自制工具的生产成本转为存货成本之外，在月末还应根据提供产品或劳务的数量编制“辅助生产费用分配表”，将所发生的辅助生产费用分配给受益的产品、车间或部门，计入“生产成本”、“制造费用”等总账及其明细账户。

3.分配制造费用

各基本生产车间的制造费用归集完毕之后，应分别按不同车间应负担的产品进行分配，计入产品成本中的“制造费用”成本项目。

若是基本生产车间只生产一种产品，可以将该车间归集的制造费用直接结转计入该种产品成本；若该车间生产多种产品，则需要采用一定的分配方法，编制“制造费用分配表”之后计入各种产品制造费用成本项目。

4.在完工产品和在产品之间分配生产费用

通过上述生产费用的一系列归集和分配，本月发生的应计入产品成本的各种生产费用均已计入各个基本生产明细账(又叫产品成本计算单)。在没有月末在产品或在产品较少的企业，基本生产明细账上所归集的生产费用就是完工产品的实际总成本。实际总成本除以产量，即为完工产品单位成本。但在大多数生产企业，月末一般都有一定数量的在产品，还需要将本月发生的生产费用和月初在产品成本之和在完工产品与月末在产品之间进行分配，计算出本月完工产品实际总成本和单位成本，并将完工入库产品成本从“生产成本”账户转入“库存商品”账户。

【视野纵横】

成本会计基础工作的主要内容

1.健全原始记录

原始记录是指按照规定的格式，对企业的生产、技术经济活动的具体事实所做的最初书面记载。它是进行各项核算的前提条件，是编制费用预算、严格控制成本费用支出的重要依据。成本会计有关的原始记录主要包括以下内容：

(1)反映生产经营过程中物化劳动消耗的原始记录。

(2)反映活劳动消耗的原始记录。

(3)反映在生产经营过程中发生的各种费用支出的原始记录。

(4)其他原始记录。

原始记录是一切核算的基础，成本核算更是如此。因此，原始记录必须真实正确，内容完整，手续齐全，要素完备，以便为成本计算、控制、预测和决策提供客观的依据。

2.健全存货的计量、验收、领退和盘点制度

为了保证入库材料物资数量与质量，必须搞好计量与验收工作，准确的计量

和严格的质量检测是保证原始记录可靠性的前提；为了保证领、退的材料物资准确无误，还必须及时办好领料和退料凭证手续，使成本中的材料费用相对准确。由于材料物资等存货品种、规格多，进出频繁，尽管严格管理，但由于种种原因，账实不符还经常存在，所以对材料物资还得进行定期或不定期的清查盘点，进行账面调整，以保证库存材料物资的真实性，确保成本中的材料等费用更加准确。

3.实施有效的定额管理

定额是指在一定生产技术组织条件下，对人力、财力、物力的消耗及占用所规定的数量标准。科学先进的定额，是对产品成本进行预测、核算、控制和考核的依据。与成本核算有关的消耗定额主要包括：工时定额，产量定额，材料、燃料、动力、工具等消耗的定额，有关费用的定额如制造费用的预算等。消耗定额的制定是作为企业产品生产发生耗费应该掌握的标准。但由于消耗定额服务于不同的成本管理目的，可表现为不同的消耗水平。当企业编制成本计划时，是根据计划期内平均消耗水平所制定的定额；当定额作为分配实际成本标准时，是以能体现现行消耗水平的定额为依据来衡量的；当企业为实现预期利润而控制成本时，是根据企业实现预期利润必须达到的消耗水平作为衡量的尺度。定额制定后，为了保持它的科学性和先进性，还必须根据生产的发展、技术的进步、劳动生产率的提高，进行不断的修订，使它为成本管理与核算提供客观的依据。

4.建立适合企业内部的结算价格

在生产经营过程中，企业内部各单位之间往往会相互提供半成品、材料、劳务等等，为了分清企业内部各单位的经济责任，明确各单位工作业绩以及总体评价与考核的需要，应制定企业内部结算价格。

制定结算价格的主要依据有：

(1)内部转移的材料物资等，应以当时的市场价格作为内部结算价格；

(2)材料物资、劳务等也可以以市场价格为基础，双方协商定价，即我们通常所说的“议价”，作为内部的结算价格；

(3)企业生产的零部件、半成品等在内部转移时，可以用标准成本或计划成本作为内部结算价格；

(4)在原有成本的基础上，加上合理的利润(即一定利润率计算)作为内部的价格。

除上述计价方法外，企业也可以根据生产特点和管理要求以及结算的具体情况来确定其合理的结算价格进行结算。

5.颁布科学、完善的规章制度

规章制度是企业为了进行正常的生产经营和管理而制定的有关制度、章程和规则。规章制度是人们行动的准绳，是实施有效的成本管理的保证。

企业内与成本会计有关的规章制度主要包括：计量验收制度、定额管理制度、岗位责任制度、考勤制度、质量检查制度、设备管理和维修制度、材料收发领用制度、物资盘存制度、费用开支规定以及其他各种成本管理制度等。各种规章制度的具体内容应随着生产发展、经营情况的变化、管理水平的提高等客观条件和变化，不断改进，逐步完善。

本章小结

- 成本核算基本要求和一般程序
  - 成本核算基本要求
    - 成本核算的原则
    - 明确成本开支的范围
    - 做好成本核算的基础工作
    - 划清成本费用界限
  - 成本核算一般程序
    - 成本核算账户设置
    - 成本核算一般程序

第三章　要素费用的归集和分配

学习目标

掌握材料费用的归集和分配方法，掌握材料费用分配表并编制相应的会计分录，掌握人工费用的归集和分配方法，掌握人工费用分配表并编制相应的会计分录，掌握外购动力费用的归集和分配方法，掌握外购动力费用分配表并编制相应的会计分录，掌握其他费用的归集和分配，并会编制相应的会计分录及相关的财务处理。

本章导读

工业企业生产费用的归集和分配包括材料费用、人工费用、外购动力费用和其他要素费用的归集和分配。划清不同性质的费用支出是正确成计算产品成本的前提。费用要素是指工业企业费用按其经济内容的分类。成本项目是指工业企业费用按其经济用途的分类。

第一节　材料费用的归集和分配

一、材料费用的内容

材料费用是指产品生产过程中消耗的，构成产品实体或有助于产品形成的各种材料物资的货币表现，包括产品生产过程中消耗的原料及主要材料、辅助材料、外购半成品、燃料、周转材料(包装物、低值易耗品)等材料费用。

(一)原料及主要材料

是指直接用于产品生产，构成产品实体的各种原料和材料，如炼油用的原油、纺纱用的原棉等。

(二)辅助材料

是指直接用于产品生产或有助于产品形成，但不构成产品实体的各种材料，如防锈剂、润滑油、染料、油漆等。

（三）外购半成品

是指从外单位购入，须经本企业继续加工或装配，构成产品实体的各种材料，如织布厂外购的棉纱、轧钢厂外购的钢锭、汽车制造厂外购的轮胎等。

（四）修理用备件

是指修理本企业的机器设备和运输设备所专用的各种零件、备件和配件，如齿轮、轴承等。其他修理用的一般零件，可以并入辅助材料中。

（五）燃料

是指生产过程中用于燃烧、发热等用途的各种材料，包括固体燃料（如焦炭、煤）、液体燃料（如汽油、柴油）、气体燃料（如天然气、煤气）等。

（六）包装物

是指包装本企业产品，并随同产品一起出租、出借、出售给购货单位的各种包装容器，如包装产品的桶、箱、瓶、坛、罐等。

（七）低值易耗品

是指单位价值较低或容易损耗，不能列作固定资产的各种物品，如各种工具、管理用具、玻璃器皿以及在生产过程中周转使用的包装容器等。

——知识链接——

假退料

企业生产车间本月已领未用、下月生产产品需要继续使用的材料，为了避免本月末退回仓库、下月初重新领用的麻烦，可以采用“假退料”的方法，即同时填制本月份的退料单和下月份的领料单，而材料实物仍然存放在车间并不移动。

二、材料费用的归集

（一）材料发出凭证

在绝大多数制造企业中，材料费用在生产费用中占有很大的比例。为了有效地控制生产成本，必须严格办理有关材料领用和退库手续，做好相关的原始记录。一般来说，材料费用的原始记录包括领料单、限额领料单、领料登记表、退料单等。

1.领料单

领料单是一种一次性使用的材料发出凭证。一般一式三联。领用时，领料人须持经所在车间或部门负责人签字的领料单到仓库办理领料手续；领用部门须填写除实发、单价、金额等以外的具体项目；发料后，仓库管理员应填写实发数量、单价和金额栏次，并由领料人、发料人签字。材料单使用后，一联留仓库据以登记保管账，另外两联分别退还和送交领料部门和财务部门，以供核算使用。

2.限额领料单

限额领料单是一种事先规定限额可多次连续使用的累计发料凭证。该凭证一般由生产计划部门或供应部门根据生产计划和材料消耗定额有关资料，于月初分别按不同车间、部门和产品，不同材料品种、规格和不同用途等单独制单。填制时应分别注明材料名称、规格、用途、领用单位及限额等内容，经负责人签字后送交有关车间部门使用。限额领料单一般也是一式三联，一联留填制部门备查，一联送交领用单位据以领料，一联交仓库据以发料。

使用限额领料单领用材料时，领用部门应事先填写请领数量并由该部门负责人签字；仓库发料后应由管理员填写实发数量和限额结余，并由领料人、发料人签字后继续使用。对已领未用月末退回的材料，仓库管理员应检验后填写退料单，或在领用栏用红字冲回。月末，仓库管理员还应根据本月累计发料情况填写全月实领数量、单价、金额等栏次，然后将限额领料单送交有关部门以便进行核算。

使用限额领料单领用规定限额的材料，月内因增加产量或其他原因需追加限额时，须经核批部门修改原限额数量，或增发带有“追加”字样的限额领料单。

3.领料登记表

领料登记表也是一种可多次使用的累计领发料凭证，只是该凭证上因未规定领用限额而无须设置限额栏次，领用时也无需控制请领数量。该表通常也是一式三联，平日存于仓库。领料时，领料人须填写领料数量和用途，仓库管理员据以发料后由双方共同签字确认。月末由仓库管理员汇总后一联留存据以登记材料保管账，另两联分别送交领料部门和财务部门核算。

领料登记表主要适用于零星、小额材料的发出。

4.退料单

退料单是一种记录企业生产车间退回月终结存材料的凭证。生产车间领用的材料，虽然是用于生产产品方面，但领用的数量并不等于实际消耗的数量。为了正确反映存货价值和计算产品成本，生产车间应于月份终了时，对那些领而未用的材料，办理退料手续。下月不再使用的材料，应填制退料单连同材料退回仓库；下月继续使用的材料，则办理假退料手续，即同时填写本月退料单和下月领料单，材料不退回仓库。

（二）材料的计价

为正确核算产品成本中的材料费用，应以历史成本原则为准进行材料费用的归集和分配，但在具体计价方法上可采用实际成本计价，也可采用计划成本计价。材料处于储存状态时，其价值的确定是资产负债表中存货项目计价的基础之一。

1.按实际成本计价

是指每一种材料的收入、发出和结存都按其在采购(或委托加工、自制)过程中所发生的实际成本进行计价。采用这一计价方法，可以比较准确地核算产品成本中的材料费用和材料资金的实际占用额。但由于材料实际成本会经常发生变动，当材料的实际成本发生变动时，就必须相应地调整库存材料和发出的材料的实际单位成本。这样，就会使材料的日常收发核算工作量增大，从而影响核算的及时性。因此，这种计价方法通常适用于材料品种较少、收料次数不多的企业。

2.按计划成本计价

是指每一种材料的收入、发出和结存都按预先确定的计划成本计价。至于实际成本与计划成本之间的差额(即材料成本差异)，则通过“材料成本差异”账户调节，并采用按各类材料求差异率的方法,确认发出材料和库存材料的实际成本。因此,这种计价方法通常适用于材料实际成本变动较大、品种多、收发料频繁的企业,可以简化材料日常收发核算的工作量。

(三)材料费用的汇总

在生产经营活动中,企业耗费的材料是多种多样的,同时,由于持续生产经营的需要,各类材料的领发业务是经常、大量而频繁发生的。为简化核算工作,期末应首先对材料发出凭证按品名、规格进行汇总,编制"领用材料汇总表",以便登记材料明细账;然后再按其用途编制"材料费用分配表",据以登记各相关成本、费用账户,完成材料费用的归集和分配。

三、材料费用的分配

企业在生产过程中消耗的材料费用应按照领料部门、用途,分别由不同的对象来承担。材料费用的归集应遵循以下原则:凡属于制造产品消耗的直接材料费用,应直接记入"生产成本——基本生产成本"账户;凡属于辅助生产车间为进行产品或劳务生产而消耗的直接材料费用,记入"生产成本——辅助生产成本"明细账户。对于车间、管理部门以及其他部门为组织和管理生产领用的材料,分别记入"制造费用"和"管理费用"等账户。

(一)原材料费用的分配

凡生产产品直接消耗的材料费用应尽可能直接记入有关产品的成本，以便充分反映产品制造成本的真实水平。企业生产产品领用原材料一般都可以根据领料单上所注明的用途直接记入所生产的各种产品。但如果企业生产多种产品领用同一种原材料,领料单上未注明用途或虽注明了用途但无法确定各种产品实际消耗的数量时,就必须采用一定的分配方法,将所消耗的原材料在各种产品之间进行分配，并分别计入各种不同产品的直接材料费用中。

对于多种产品共同消耗直接材料费用的分配,应选择合理的分配标准,在生产的多种产品之间进行分配。分配标准的选择要尽可能与材料费用的发生有密切关系,做到多消耗多分配,少消耗少分配。可供选择的分配标准很多,一般有:材料定额消耗量、材料定额成本、产品产量、产品重量等。企业应根据消耗材料具体的情况选择一定的标准进行分配。

1.定额消耗量比例法

定额消耗量比例法,是以材料定额消耗量为分配标准,分配材料费用的方法。其计算公式如下:

$$材料定额消耗总量=\sum(某种产品实际产量)$$

$$材料费用分配率=\frac{多种产品共同消耗的材料费用}{材料定额消耗总量}$$

$$某种产品应分配的材料费用=该种产品的材料定额用量\times材料费用分配率$$

【例3-1】企业生产甲、乙两种产品,共同消耗A材料3300千克,每千克31元,计102 300元。本月产量及单位消耗定额见表3-1,根据上述公式将计算结果列入表中。

表 3-1 原材料费用分配表

201×年7月

产品名称	产量(件)	单位消耗定额(千克/件)	定额消耗量(千克)	分配率	分配额(元)
甲产品	110	15	1650		49 500
乙产品	220	8	1760		52 800
合计			3410	30	102 300

2.定额成本比例法

定额成本比例法,是以材料的定额成本作为分配标准,分配材料费用的方法。其计算公式如下:

$$材料定额消耗总量=\sum(某种产品产量\times单位消耗量\times计划单价)$$

$$材料费用分配率=\frac{多种产品共同消耗的材料费用}{材料定额成本总额}$$

$$某种产品应分配的材料费用=该种产品材料定额成本\times材料费用分配率$$

【例3-2】以例3-1为例,材料的计划单位成本为8元。根据上述公式计算并编制“原材料费用分配表”,如表3-2 所示。

表 3-2 原材料费用分配表

201×年7月

产品名称	产量(件)	单位产品定额成本			定额成本总额(元)	分配率	分配额(元)
		单位消耗定额(千克/件)	计划单价(元/千克)	单位定额成本(元/件)			
甲产品	110	15	8	120	13 200		49 500
乙产品	220	8	8	64	14 080		52 800
合计					27 280	3.75	102 300

由此看出,上述两种分配方法虽然采用的分配标准不同,但都是先确定应分配的材料费用和费用分配标准,然后计算费用分配率,最后计算各种产品应承担的材料费用。在实际工作中,企业应根据具体情况,分配时还可以选择一些与材料费用消耗有关的因素作为分配标准,如产品的体积、重量、数量等。具体采用哪种分配标准,应以企业能准确反映产品消耗材料的实际情况为准。

【例3-3】假设宏达企业有两个基本生产车间,一车间生产甲、乙两种产品,二车间生产丙产品,另设有机修、供电两个辅助生产车间,企业管理部门若干。201×年7月,根据本月审核、归类后的领、退料凭证及有关资料,编制“消耗材料分配汇总表”如表3-3。

表 3–3　消耗材料分配汇总表

201×年7月　　　　　　　　　　　　　　　　单位：元

应借账户 \ 应贷账户	原材料					合计
	原料及主要材料			辅助材料	修理用备件	
	直接消耗	间接分配	小计			
生产成本——基本生产成本——甲产品	156 050	49 500	205 550			205 550
生产成本——基本生产成本——乙产品	58 720	52 800	111 520			111 520
小计	214 770	102 300	317 070			317 070
生产成本——基本生产成本——丙产品	140 300		140 300			140 300
生产成本——辅助生产成本——机修车间					5932	5932
生产成本——辅助生产成本——供电车间				6200		6200
制造费用——一车间				18 800		18 800
制造费用——二车间				9600		9600
制造费用——机修车间				11 000		11 000
制造费用——供电车间				1060		1060
销售费用				2040		2040
管理费用				9000	900	9900
合计	355 070	102 300	457 370	57 700	6832	521 902

根据“消耗材料分配汇总表”，编制会计分录：

借：生产成本——基本生产成本——甲产品　205 550
　　　　　　　　　　　　　——乙产品　111 520
　　　　　　　　　　　　　——丙产品　140 300
　　　　　——辅助生产成本——机修车间　5932
　　　　　　　　　　　　　——供电车间　6200
　制造费用——一车间　18 800
　　　　　——二车间　9600
　　　　　——机修车间　11 000
　　　　　——供电车间　1060
　销售费用　2040
　管理费用　9900
贷：原材料——原料及主要材料　457 370
　　　　　——辅助材料　57 700

——修理用备件　6832

(三)包装物的分配

包装物是指为了包装本企业产品而储备的各种包装容器,如桶、箱、瓶、坛、袋等。包装物属于材料范畴,它的领发手续和实物管理与其他材料相同,但是它在核算上有一定的特殊性。

企业发出的包装物,应根据领料凭证上列明的领用部门和用途进行归类汇总,编制“包装物费用分配表”进行分配,其格式可参照“原材料费用分配表”。对于基本生产车间在生产过程中领用的包装物,应作为产品成本组成的部分,若能分清哪一种产品的包装物,则直接计入该产品的“直接材料”成本项目;若干种产品共同使用的包装物,应采用一定的分配方法分配之后计入各种产品的“直接材料”成本项目。对于销售部门领用的随同产品出售而不单独计价的包装物,应计入“销售费用”账户;对于出租、出借的包装物,应计入“其他业务支出”、“销售费用”账户。

(四)低值易耗品的分配

1.低值易耗品的实质和管理特点

低值易耗品是指不能作为固定资产的各种用具物品,如工具、管理用具、玻璃器皿,以及在经营过程中周转使用的包装容器等。

由于低值易耗品是一项特殊资产,具有固定资产和流动资产的双重特征。低值易耗品购置和库存在管理与核算上视同材料,但在领用后其价值摊销方式又类似于固定资产。因此在管理和核算上兼具固定资产和流动资产的特点,一般将其分为在库低值易耗品和在用低值易耗品。

企业应根据低值易耗品的特性和用途,确定其价值摊销的方式。对于领用可按其价值一次计入有关账户的低值易耗品,应采用一次摊销法进行核算;对于领用不能按其价值一次计入有关账户的低值易耗品,应采用五五摊销法进行核算。

2.低值易耗品摊销的核算

(1)一次摊销法

按照一次摊销法进行低值易耗品的核算时,应将领用的低值易耗品的价值一次全部计入当期费用、成本。

一次摊销法账务处理简便,但若一次领用数量多、价值大的低值易耗品时,采用这种方法容易导致各月成本的波动,不利于低值易耗品的实物管理和成本分析。因此,这种方法适用于领用数量不多、单位价值低、使用期限较短或易破损的低值易耗品。

(2)五五摊销法

又称“五五法”,是我国企业采用最多的一种低值易耗品摊销方法。这种方法的特点是将低值易耗品价值在领用和报废时各摊销一半。为了分别反映在库低值易耗品、在用低值易耗品及低值易耗品摊余价值,应在“低值易耗品”总账下设置“在库低值易耗品”、“在用低值易耗品”、“低值易耗品摊销”三个二级科目。

这种方法适用于领用数量多、单位价值高的低值易耗品。

第二节　动力费用的归集和分配

动力费用是指企业消耗的电力、蒸汽等费用。动力费用可以分为自制和外购两种情况，自制动力费用分配属于辅助生产费用分配的内容，这一节只涉及外购动力费用的归集与分配。

一、外购动力费用的归集

外购动力费用一般是由动力供应单位(如供电局)根据动力费用计量表上反映的消耗量和计价标准开列账单向企业收取的。动力费用是先用后支付，本月发生的动力费用下月支付,而企业成本计算是按月进行的,因此,根据权责发生制和配比原则,企业应在月末根据实际消耗数量和单价,以此确定本月发生的动力费用。

二、外购动力费用的分配

企业发生的外购动力费用应按照地点、用途,分别由不同的对象来承担。费用的归集应遵循以下原则:凡属于制造产品消耗的,应直接记入“生产成本——基本生产成本”账户;凡属于辅助生产车间为进行产品或劳务生产而消耗的,记入“生产成本——辅助生产成本”明细账户。对于车间、管理部门以及其他部门为组织和管理生产领用的,分别记入“制造费用”和“管理费用”等账户。

基本生产车间生产多种产品共同消耗的动力费用可以按照产品的生产工时、机器工时或其他标准为依据进行分配。分配公式为:

$$\text{动力费用分配率}=\frac{\text{多种产品共同消耗的动力费用总额}}{\text{各种产品的机器工时(或马力工时)总数}}\times 100\%$$

$$\text{某种产品应分配的动力费用}=\text{该产品机器工时(或马力工时)数}\times\text{分配率}$$

【例3-4】某企业生产车间直接用于甲、乙两种产品生产的外购动力(电力)费用为10 380元。该企业按生产工时比例法分配动力费用。其中,甲、乙两种产品的生产工时分别为20 600小时、14 000小时。则动力费用分配计算如下:

$$\text{动力费用分配率}=\frac{10\ 380}{20\ 600+14\ 000}=0.30\text{(元/小时)}$$

甲产品应分配的动力费用=206 00×0.30=6 180(元)

乙产品应分配的动力费用=140 00×0.30=4 200(元)

凡是基本生产车间直接用于产品生产的外购动力费用,在按照一定标准分配后,计入基本生产明细账中的“直接材料”成本项目,或计入单独设置的“燃料与动力”成本项目。

【例3-5】假设宏达企业有两个基本生产车间,一车间生产甲、乙两种产品,二车间生产丙产品,另设有机修、供电两个辅助生产车间,企业管理部门若干。消耗外购动力费用26 780元,编制“外购动力费用分配表”,见表3-4:

表 3–4　外购动力费用分配表

201×年7月　　　　单位:元

<table>
<tr><th colspan="3" rowspan="2">应借账户</th><th rowspan="2">成本(费用)项目</th><th rowspan="2">直接计入</th><th colspan="3">分配计入</th><th rowspan="2">合计</th></tr>
<tr><th>生产工时</th><th>分配率</th><th>分配金额</th></tr>
<tr><td rowspan="6">生产成本</td><td rowspan="4">基本生产成本</td><td>甲产品</td><td>直接材料</td><td></td><td>20 600</td><td></td><td>6 180</td><td>6 180</td></tr>
<tr><td>乙产品</td><td>直接材料</td><td></td><td>14 000</td><td></td><td>4 200</td><td>4 200</td></tr>
<tr><td>小计</td><td></td><td></td><td>34 600</td><td>0.30</td><td>10 380</td><td>10 380</td></tr>
<tr><td>丙产品</td><td>直接材料</td><td>4000</td><td></td><td></td><td></td><td>4000</td></tr>
<tr><td rowspan="2">辅助生产成本</td><td>机修车间</td><td>直接材料</td><td>3000</td><td></td><td></td><td></td><td>3000</td></tr>
<tr><td>供电车间</td><td>直接材料</td><td>1800</td><td></td><td></td><td></td><td>1800</td></tr>
<tr><td colspan="2" rowspan="4">制造费用</td><td>一车间</td><td>电费</td><td>1200</td><td></td><td></td><td></td><td>1200</td></tr>
<tr><td>二车间</td><td>电费</td><td>1500</td><td></td><td></td><td></td><td>1500</td></tr>
<tr><td>机修车间</td><td>电费</td><td>800</td><td></td><td></td><td></td><td>800</td></tr>
<tr><td>供电车间</td><td>电费</td><td>700</td><td></td><td></td><td></td><td>700</td></tr>
<tr><td colspan="3">管理费用</td><td>电费</td><td>2400</td><td></td><td></td><td></td><td>2400</td></tr>
<tr><td colspan="3">销售费用</td><td>电费</td><td>1000</td><td></td><td></td><td></td><td>1000</td></tr>
<tr><td colspan="3">合计</td><td></td><td>16 400</td><td></td><td></td><td>10 380</td><td>26 780</td></tr>
</table>

根据表3–4编制动力费用分配的会计分录如下：

借:生产成本——基本生产成本——甲产品　6180
　　　　　　　　　　　　——乙产品　4200
　　　　　　　　　　　　——丙产品　4000
　　　　——辅助生产成本——机修车间　3000
　　　　　　　　　　　　——供电车间　1800
　制造费用——一车间　1200
　　　　　　二车间　1500
　　　　　　机修车间　800
　　　　　　供电车间　700
　管理费用　2400
　销售费用　1000
　贷:应付账款　26 780

第三节　职工薪酬的归集和分配

一、职工薪酬的构成

按照国家规定，职工薪酬是指企业为获得职工提供的服务而给予各种形式的报酬以及其他的相关支出，具体包括：工资；职工福利费；医疗保险费、养老保险费、失业保险费、工伤保险费和生育保险费等社会保险费；住房公积金；工会经费和职工教育经费；非货币性福利；因解除与职工的劳动关系给予的补偿；其他与获得职工提供的服务相关的支出。

二、职工薪酬的归集和分配

（一）工资费用的归集和分配

1.工资费用的结算

在实际工作中，企业是通过编制“工资结算表”来结算工资费用的。工资结算表是分车间或部门编制的，一式三联。一联裁成“工资条”，连同实发金额一并发给职工，便于其进行核对；一联经职工签收后作为工资费用结算和发放的原始凭证，由财会部门入账；一联由劳动工资部门留存，作为统计劳动工资的依据。“工资结算表”的参考格式见表3-5。

表 3-5　工资结算表

车间或部门：行政管理部门　　　　201×年3月　　　　单位：元

姓名	计时工资							计件工资	工资性津贴和补贴		奖金	应发工资	非工资性津贴		代扣款项		实发金额	签章
	标准工资	病假			事假		应发计时工资		中夜班津贴	食品补贴			困难补助	独子补助	住房公积金	养老保险金		
		天数	扣款率	应扣金额	天数	应扣金额												
丁红	450	2	20%	6			444			50	120	614	40	3.6	43	32	584	略
王兰	500						500			50	110	660		4	46	33	585	
王芳	540				3	54	486			50	105	641	40	4.4	45	32	608	
黄浩	600						600			50	125	775		4.7	54	39	687	
李新	660						600			50	150	860	60	5	60	43	822	
……																		
合计	4950			16	3	54	4880			400	920	6200	240	32	434	310	5728	

2.工资费用的归集

工资结算表是按车间或部门编制的。为了全面反映企业工资结算情况，便于进行工资费用分配,需要将各车间或部门编制的工资结算表进一步汇总后编制“工资结算汇总表”。企业归集的工资费用应按工资费用发生的地点、用途进行分配。

基本生产车间生产工人的工资应计入“生产成本——基本生产成本——产品”各明细账户;基本生产车间管理人员的工资应计入“制造费用”账户;辅助生产车间生产工人的工资应计入“生产成本——辅助生产成本——车间”账户;辅助生产车间管理人员的工资应计入“制造费用”账户;销售部门人员的工资应计入“销售费用”账户;行政管理部门人员的工资应计入“管理费用”账户。工资费用的分配一般是在“工资结算汇总表”的基础上,通过编制“工资费用分配表”进行的。

该表的参考格式见表3-6:

表 3-6 工资结算汇总表

企业名称:宏达企业　　201×年7月　　单位:元

车间或部门	职工类别	应发计时工资	计件工资	工资性津贴和补贴		奖金	应付工资	非工资性津贴		代扣款项		实发金额
				中夜班津贴	食品补贴			困难补助	独子补助	住房公积金	养老保险金	
基本生产一车间	生产工人	18 000	29 840	1360	4500	9500	63 200	3000	360	4410	3150	59000
	管理人员	2150			200	450	2800	120	16	196	140	2600
基本生产二车间	生产工人	20 000	3000		50	50	23100	2000	200	2500	1500	21300
	管理人员	2000			300	200	2500	110	15	170	120	2335
机修车间	生产工人	2530			250	520	3300	160	20	231	165	3084
	管理人员	1000			500	500	2000	100	10	150	100	1860
供电车间	生产工人	2000			200	400	2600	100	18	150	110	2458
	管理人员	1000			300	200	1500	90	10	130	80	1390
销售部门	销售人员	1620			150	330	2100	80	12	147	105	1940
行政管理部门	管理人员	5430			450	1020	6900	280	36	483	345	6388
合计		55 730	32 840	1360	6900	13 170	110 000	6040	697	8567	5815	102 355

3.工资费用的分配

基本生产车间生产多种产品生产工人的工资费用应先分配再计入“生产成本——基本

生产成本——产品”各明细账户，分配时可以采用实际生产工时比例分配法，也可以采用定额工时比例分配法。企业可以根据具体情况选用。计算公式如下：

$$工资分配率=\frac{多种产品应负担的生产工人工资总额}{各种产品实际生产(定额)工时总数}\times100\%$$

某种产品应分配的工资=该种产品实际生产(定额)工时×工资分配率

【例3-6】宏达企业3月份的工资结算汇总表如表3-6所示。该表中基本生产车间生产甲、乙两种产品，其计件工资为29 840元，其中用于甲产品19 560元，用于乙产品10 280元。应发计时工资、工资性津贴和补贴、奖金等属于甲、乙两种产品的工资费用，按产品的实际生产工时分配。甲产品消耗8000工时，乙产品消耗4000工时。

(1)计算工资费用分配率：

工资费用=18 000+1360+4500+9500=33 360(元)

$$间接工资费用分配率=\frac{33\ 360}{8000+4000}=2.78(元/小时)$$

(2)各种产品应分配的费用

甲产品应分配的费用=80 00×2.78=22 240(元)

乙产品应分配的费用=40 00×2.78=11 120(元)

【例3-7】假设宏达企业有两个基本生产车间，一车间生产甲、乙两种产品，二车间生产丙产品，另设有机修、供电两个辅助生产车间，企业管理部门若干。根据本月“工资结算汇总表”编制工资费用与职工福利费分配表，如表3-7所示：

表 3-7　工资费用与职工福利费分配表

201×年7月31日　　　　单位：元

应借账户		成本或费用项目	直接计入工资费用	间接计入工资费用			工资费用合计	职工福利费分配数
				生产工时	分配率	分配金额		
基本生产成本	甲产品	直接人工	19 560	8000		22 240	41 800	5852
	乙产品	直接人工	10 280	4000		11 120	21 400	2996
	小计		29 840	12 000	2.78	33 360	63 200	8848
	丙产品	直接人工	23 100				23 100	3234
辅助生产成本	机修车间	直接人工	3300				3300	462
	供电车间	直接人工	2600				2600	364
	小计		5900				5900	826
制造费用	一车间	工资	2800				2800	392
	二车间	工资	2500				2500	350
	机修车间	工资	2000				2000	280
	供电车间	工资	1500				1500	210
销售费用		销售机构经费	2100				2100	350
管理费用		公司经费	6900				6900	1250
合计			76 640			33 360	110 000	15 740

根据工资费用分配表工资费用编制如下会计分录：

借：生产成本——基本生产成本——甲产品　41 800
　　　　　　　　　　　　　——乙产品　21 400
　　　　　　　　　　　　　——丙产品　23 100
　　　　　——辅助生产成本——机修车间　3300
　　　　　　　　　　　　　——供电车间　2600
　制造费用——一车间　2800
　　　　　——二车间　2500
　　　　　——机修车间　2000
　　　　　——供电车间　1500
　销售费用　2100
　管理费用　6900
　贷：应付职工薪酬——工资　110 000

(二)职工福利费的分配

职工福利费是指用于职工医疗卫生、生活困难补助和集体福利设施等的费用，是企业根据国家规定除了支付职工工资以外，还必须承担的职工个人福利方面的义务，是对职工劳动补偿的辅助形式。

企业发生的职工福利费，同工资费用一样按照职工所在的职能部门，分配计入产品成本和期间费用等。凡生产工人的，应分配计入"生产成本——基本生产成本——产品"账户；凡基本生产车间管理人员的，应分配计入"制造费用"账户；凡辅助生产车间生产工人的，应分配计入"生产成本——辅助生产成本——车间"账户；凡辅助生产车间管理人员的，应分配计入"制造费用"账户；凡行政管理人员的，应计入"管理费用"账户。

由于职工福利费同工资费用一样都要计入产品成本和期间费用等，而且都是在会计期末计入，时间一致。为了简化费用分配表的编制工作，职工福利费分配表可以与工资费用分配表合并在一起编制，参见表3-7。

【例3-8】根据表3-7中"计提职工福利费"这一栏目的数字，可作计提职工福利费的会计分录如下：

借：生产成本——基本生产成本——甲产品　5852
　　　　　　　　　　　　　——乙产品　2996
　　　　　　　　　　　　　——丙产品　3234
　　　　　——辅助生产成本——机修车间　462
　　　　　　　　　　　　　——供电车间　364
　制造费用——一车间　392
　　　　　——二车间　350
　　　　　——机修车间　280
　　　　　——供电车间　210
　销售费用　350

管理费用　1250

贷:应付职工薪酬——福利费　15 740

(三)五险一金的分配

企业发生的五险一金,同工资费用一样按照职工所在的职能部门,分配计入产品成本和期间费用等。凡生产工人的,应分配计入“生产成本——基本生产成本——产品”账户;凡基本生产车间管理人员的,应分配计入“制造费用”账户;凡辅助生产车间生产工人的,应分配计入“生产成本——辅助生产成本——车间”账户;凡辅助生产车间管理人员的,应分配计入“制造费用”账户;凡行政管理人员的,应分配计入“管理费用”账户。

第四节　折旧费用的归集和分配

企业使用的固定资产,应按月计提折旧费用。在会计实务中,按照固定资产的使用部门,分别借记“制造费用”“管理费用”“销售费用”等账户,计入产品成本或期间费用。

折旧费用的计算和分配是通过编制“固定资产折旧费用分配表”进行的。

【例3-9】宏达企业采用分类折旧率计提折旧,根据该企业3月初应计折旧的固定资产原值和月份类折旧率,编制“固定资产折旧费用分配表”(见表3-8),并据以编制会计分录。

表 3-8　固定资产折旧费用分配表

201×年3月

应借账户	使用部门	固定资产项目	月初应计折旧的固定资产原值(元)	月分类折旧率(‰)	月折旧额(元)
制造费用	一车间	厂房	500 000	2.00	1000.00
		机器设备	330 000	6.00	1980.00
		其他设备	60 000	8.00	480.00
		小计	890 000		3460.00
	二车间	厂房	300 000	2.00	600.00
		机器设备	200 000	6.00	1200.00
		其他设备	30 000	8.00	240.00
		小计	530 000		2040.00
	机修车间	厂房	150 000	2.00	300.00
		机器设备	110 000	7.00	770.00
		小计	260 000		1070.00
	供电车间	厂房	180 000	2.00	360.00
		机器设备	100 000	7.00	700.00
		小计	280 000		1060.00

续表

应借账户	使用部门	固定资产项目	月初应计折旧的固定资产原值（元）	月分类折旧率（‰）	月折旧额（元）
管理费用	管理部门	房屋建筑物	650 000	2.00	1300.00
		运输工具	250 000	10.00	2500.00
		小计	900 000		3800.00
销售费用	专设销售机构	房屋建筑物	400 000	2.00	800.00
		运输工具	210 000	10.00	2100.00
		小计	610 000		2900.00
合计			3 470 000		14 330.00

根据“固定资产折旧费用分配表”，编制会计分录如下：

借：制造费用——一车间　3460

——二车间　2040

——机修车间　1070

——供电车间　1060

管理费用　3800

销售费用　2900

贷：累计折旧　14 330

第五节　其他要素费用的归集和分配

在企业中，除材料、燃料、动力、职工薪酬、折旧费用之外，还有其他要素费用，包括利息费用、税金支出和其他费用。

一、利息费用

企业的利息费用，不是产品成本的组成部分，而是企业财务费用的一个费用项目。

利息费用一般按季度支付。实际支付时，借记“财务费用”“应付利息”账户，贷记“银行存款”账户。

二、税金支出

企业的税金支出，是指计入管理费用的各种税金，包括房产税、车船使用税、土地使用税和印花税等。这部分税金支出不是产品成本的组成部分。

在这些税金中，有的税金，如印花税可以用银行存款等货币资金直接交纳。交纳时，借记“管理费用”总账和所属明细账（在明细账中计入“印花税”等费用项目），贷记“银行存款”等账户。

有的税金，如房产税、车船使用税和土地使用税需要预先计算应纳金额，然后交纳。有些税金应该通过“应交税金”账户核算。算出应交税金时，应借记“管理费用”总账和所属明细账(在明细账中计入“房产税”、“车船使用税”和“土地使用税”费用项目)，贷记“应交税金”账户；在交纳税金时，借记“应交税金”账户，贷记“银行存款”账户。

三、其他费用

要素费用中的其他费用，是指除了前面所述要素费用以外的费用，包括邮电费，租赁费，印刷费，图书、资料、报刊、办公用品订购费，试验检验费，排污费，差旅费，误餐补助费，交通费补贴，保险费，职工技术培训费等。这些费用都没有专门设立成本项目，应该在费用发生以后，根据有关付款凭证等，按照费用发生的车间、部门和用途进行分类、汇总，编制“其他费用汇总表”，分别计入有关账户。

【例3-9】宏达企业201×年7月支付差旅费、办公费、外部运输费、广告费、租赁费等费用，根据有关支出种类归类、汇总后编制的“其他费用汇总表”见表3-9。

表 3-9　其他费用汇总表

210×年7月

应借账户	车间或部门	其他费用项目						合计
		办公费	差旅费	运输费	广告费	租赁费	其他	
制造费用	一车间	3050	1000	200		400	1000	5650
	二车间	2000	200	200		200	1000	3600
	小计	5050	1200	400		600	2000	9250
	机修车间	245	1000	300		1901	800	4246
	供电车间	320	1100			2186	700	4306
	小计	565	2100	300		4087	1500	8552
管理费用	行政管理部门	1000	5800	600		1000	2800	11 200
销售费用	产品销售部门	340	2900	2100	2800		1200	9340
合计		6 955	12 000	3 400	2800	5687	7500	38 342

根据表3-9，编制如下会计分录：

借：制造费用——一车间　5650

　　　　　　——二车间　3600

　　　　　　——机修车间　4246

　　　　　　——供电车间　4306

　　管理费用　11200

　　销售费用　9340

贷:银行存款　38 342

企业各种要素费用经过上述归集和分配,分别计入"生产成本——基本生产成本——产品"、"生产成本——辅助生产成本——车间"、"制造费用——车间"、"管理费用"、"销售费用"等账户的借方。其中计入"生产成本——基本生产成本——产品"账户借方的费用,已经分别计入各有关产品成本明细账"直接材料"、"直接人工"成本项目。

【视野纵横】

工业企业成本会计核算流程

工业企业成本会计核算流程,指从生产费用发生开始,到算出完工产品总成本和单位成本为止的整个成本计算的步骤。成本核算程序一般分为以下几个步骤:

(1)审核生产费用支出

对发生的各项生产费用支出,应根据国家、上级主管部门和本企业的有关制度、规定进行严格审核,以便对不符合制度和规定的费用,以及各种浪费、损失等加以制止或追究经济责任。

(2)确定成本计算对象和成本项目,开设产品成本明细账

企业的生产类型不同,对成本管理的要求不同,成本计算对象和成本项目也就有所不同,应根据企业生产类型的特点和对成本管理的要求,确定成本计算对象和成本项目,并根据确定的成本计算对象开设产品成本明细账。

(3)进行要素费用的分配

对发生的各项要素费用进行汇总,编制各种要素费用分配表,按其用途分配计入有关的生产成本明细账。对能确认某一成本计算对象消耗的直接计入费用,如直接材料、直接工资,应直接记入"生产成本——基本生产成本"账户及其有关的产品成本明细账;对于不能确认的费用,则应按其发生的用途进行归集分配,分别记入"制造费用"、"生产成本——辅助生产成本"和"废品损失"等综合费用账户。

(4)进行综合费用的分配

对记入"制造费用"、"生产成本——辅助生产成本"和"废品损失"等账户的综合费用,月末采用一定的分配方法进行分配,并记入"生产成本——基本生产成本"以及有关的产品成本明细账。

(5)进行完工产品成本与在产品成本的划分

通过要素费用和综合费用的分配进行所发生的各项生产费用的分配。所发生各项生产费用均已归集在"生产成本——基本生产成本"账户及有关的产品成明细账中。在没有在产品的情况下,产品成本明细账所归集的生产费用即为完工产品总成本;在有在产品的情况下,就需将产品成本明细账所归集的生产费用按一定的划分方法在完工产品和月末在产品之间进行划分,从而计算出完工产品成本和月末在产品成本。

(6)计算产品的总成本和单位成本

在品种法、分批法下，产品成本明细账中计算的完工产品成本即为产品的总成本；在分步法下，则需根据各生产步骤成本明细账进行顺序逐步结转或平行汇总，才能计算出产品的总成本。以产品的总成本除以产品的数量，就可以计算出产品的单位成本。

本章小结

- 要素费用的归集和分配
  - 材料费用的归集和分配
    - 材料费用的归集
    - 材料费用的分配
  - 人工费用的归集和分配
    - 工资费用的归集和分配
    - 职工福利费的归集和分配
  - 外购动力费用的归集和分配
    - 外购动力费用的归集
    - 外购动力费用的分配
  - 折旧费用的归集和分配
    - 折旧费用的归集
    - 折旧费用的分配
  - 其他费用的归集和分配
    - 其他费用的归集
    - 其他费用的分配

第四章　综合费用的归集与分配

学习目标

熟练掌握辅助生产费用归集和分配的核算方法,并了解各种方法的适用性,掌握辅助生产费用分配的账务处理。掌握制造费用的归集和分配方法,掌握相关业务的账务处理。掌握可修复废品的修复费用和不可修复废品生产成本不同的归集方法。

本章导读

工业企业的生产车间有基本生产车间和辅助生产车间两种类型，基本生产车间从事企业产品的生产,辅助生产车间主要为基本生产车间、行政管理部门等提供服务而进行产品生产或劳务供应。辅助生产费用的分配方法主要有直接分配法、交互分配法。

根据企业会计制度的规定,制造费用应按费用发生的地点进行归集,月度终了,再采用一定的方法在各成本核算对象之间进行分配,然后才能计入各成本核算对象的成本中去。

第一节　辅助生产费用的归集与分配

一、辅助生产费用的归集

(一)辅助生产、辅助生产费用及其对成本计算的影响

制造企业的辅助生产,是指为基本生产服务的产品生产和劳务供应。有的辅助生产只生产一种产品或提供一种劳务,如供电、供水、供风、运输等;有的辅助生产则生产多种产品或提供多种劳务,如工具、模具、修理用备件的制造,机器设备的修理等。辅助生产提供的产品和劳务有时也对外销售,但这不是它的主要任务和目的。

辅助生产车间发生的各项要素费用便构成辅助生产费用。它包括辅助生产车间消耗的材料、燃料、动力、工资等费用。这些费用实际上也构成了辅助生产产品或劳务的成本。

辅助生产产品和劳务成本的高低，对于产品成本和经营管理费用的水平有着很大的影

响,而且只有辅助生产产品和劳务成本确定以后,才能计算基本生产的产品成本。因此,正确、及时地组织辅助生产费用的归集和分配,对于节约费用、降低成本以及正确、及时地计算企业的产品成本都是十分重要的。

（二）辅助生产费用的归集

辅助生产费用的归集是通过“生产成本——辅助生产成本”明细账进行的。该账户同“生产成本——本生产成本”账户一样,一般应按辅助生产单位以及产品和劳务设立明细账,账中按照辅助生产成本的构成项目设立专栏或专行,进行明细核算。辅助车间发生的各项费用中,凡属于直接费用,应直接计入该账户和所属有关明细账的借方;凡属于制造费用,应分配计入该账户和所属有关明细账的借方。

辅助生产车间发生的制造费用,即辅助生产车间组织管理性费用,有两种处理方式:

一种是先计入“制造费用”总账和所属辅助生产制造费用明细账的借方进行归集,然后在期末从其贷方直接转入或分配转入“生产成本”总账和所属明细账的借方。采用这种方式,可以单独核算辅助生产车间的制造费用,以便将其实际数与预算数进行对比,考核辅助生产制造费用预算的执行情况。这种方式适合于辅助生产制造费用较大,并且实行预算管理的企业。

另一种方式是不单独在“制造费用”总账下设置辅助生产车间的制造费用明细账,而是在费用发生时直接计入“生产成本”总账和下属的明细账。这种方式适合于辅助生产制造费用较小,并且不实行预算管理的企业。

【例4-1】宏达企业设有两个辅助生产车间,车间发生的间接费用通过“制造费用”明细账归集,过程及结果如表4-1、4-2。

表 4-1　制造费用明细账

车间名称:机修车间　　　　单位:元

201×年		凭证号数	摘要	职工薪酬	折旧费	机物料消耗	水电费	办公费	运输费	其他	合计
月	日										
7	31	略	原材料费用分配(表 3-3)			11 000					11 000
			动力费用分配(表 3-4)				800				800
			职工薪酬分配(表 3-6、3-7)	2280							2280
			折旧费用分配(表 3-8)		1070						1070
			其他要素费用分配(表 3-9)					245	300	3701	4246
			本月合计	2280	1070	11 000	800	245	300	3701	19 396
			本月转出	2280	1070	11 000	800	245	300	3701	19 396

表 4-2 制造费用明细账

车间名称:供电车间　　单位:元

201×年		凭证号数	摘要	职工薪酬	折旧费	机物料消耗	水电费	办公费	运输费	其他	合计
月	日										
7	31	略	原材料费用分配(表 3-3)			1060					1060
			动力费用分配(表 3-4)				700				700
			职工薪酬分配(表 3-6、3-7)	1710							1710
			折旧费用分配(表 3-8)		1060						1060
			其他要素费用分配(表 3-9)					320		3986	4306
			本月合计	1710	1060	1060	700	320		3986	8836
			本月转出	1710	1060	1060	700	320		986	8836

借:生产成本——辅助生产成本——机修车间　19 396

——供电车间　8836

贷:制造费用——机修车间　19 396

——供电车间　8836

【例4-2】某企业201×年7月份机修车间和供电车间归集的辅助生产费用见表4-3、表4-4。

表 4-3 生产成本——辅助生产成本明细账

辅助车间:机修车间　　单位:元

201×年		凭证号数	摘要	直接材料	直接人工	制造费用	合计
月	日						
7	31	略	原材料分配(表 3-3)	5932			5932
			动力费用分配(表 3-4)	3000			3000
			职工薪酬分配(表 3-6、3-7)		3762		3762
			结转制造费用(4-1)			19 396	19 396
			合计	8932	3762	19 396	32 090
			本月转出	8932	3762	19 396	32 090

表 4-4 生产成本——辅助生产成本明细账

辅助车间:供电车间　　　　单位:元

201×年		凭证号数	摘要	直接材料	直接人工	制造费用	合计
月	日						
7	31	略	原材料分配(表 3-3)	6200			6200
			动力费用分配(表 3-4)	1800			1800
			职工薪酬分配(表 3-6、3-7)		2964		2964
			结转制造费用(4-2)			8836	8836
			合计	8000	2964	8836	19 800
			本月转出	8000	2964	8836	19 800

二、辅助生产费用的分配

归集在“生产成本”账户及其明细账借方的辅助生产费用,由于辅助生产车间生产的产品和提供的劳务种类不同,其转出分配的程序也不一样。

工具和模具车间生产的工具、模具和修理用备件等产品成本,应在产品完工入库时,从“生产成本”账户及其明细账的贷方分别转入“低值易耗品”和“原材料”科目的借方。动力、机修和运输等车间生产和提供的电力、修理和运输等产品和劳务所发生的费用,要在各受益单位之间进行分配。

(一)辅助生产费用分配的特点

辅助生产提供的产品和劳务,主要是由基本生产车间和行政管理部门使用的。同时,在某些辅助生产车间之间,也有相互提供产品和劳务的情况,如机修车间为供电车间提供修理服务,供电车间为机修车间提供动力服务。这样,为了计算修理成本,需要确定供电成本;为了计算供电成本,又需要确定修理成本。因此,为了正确计算辅助生产产品和劳务的成本,并且将辅助生产费用正确地计入基本生产产品的成本,在分配辅助生产费用时,还应在各辅助生产车间之间进行费用的交互分配,这就是辅助生产费用分配的特点。

(二)辅助生产费用的分配方法

1.直接分配法

直接分配法就是将辅助生产车间发生的费用(成本)分配给除辅助生产车间之外的各个受益对象,而不考虑辅助生产车间相互分配费用的方法。

$$\text{某辅助生产车间产品或劳务单位成本}=\frac{\text{该车间生产费用总额}}{\text{该车间本月提供产品或劳务总量}-\text{其他辅助生产车间耗用量}}$$

$$\text{某受益对象分配额}=\text{该受益对象消耗量}\times\text{分配率}$$

【例4-3】宏达企业有机修车间和供电车间两个辅助生产车间。201×年7月份机修车间归集的辅助生产费用为32 090元(参见表4-3),供电车间归集的辅助生产费用为19 800元(参见表4-4)。这两个辅助生产车间提供的劳务量见表4-5。

表 4-5 辅助生产车间劳务供应表

201×年7月

供应对象		修理时数(小时)	供电车间(度)
辅助生产车间	机修车间		6 600
	供电车间	3209	
基本生产一车间		9000	10 000
基本生产二车间		627	6500
行政管理部门		3209	9 900
合计		16 045	33 000

根据以上资料,采用直接分配法编制“辅助生产费用分配表”,见表4-6:

表 4-6 辅助生产费用分配表

(直接分配法)

201×年7月

单位:元

辅助生产车间名称			机修	供电	合计金额
待分配费用			32 090	19 800	51 890
供应辅助生产以外单位的劳务数量			12 836	26 400	
费用分配率(单位成本)			2.5	0.75	
基本生产一车间	应借“制造费用——一车间”账户	数量	9000	10 000	
		金额	22 500	7500	30 000
基本生产二车间	应借“制造费用——二车间”账户	数量	627	6 500	
		金额	1567.5	4875	6442.5
行政管理部门消耗	应借“管理费用”账户	数量	3 209	9 900	
		金额	8 022.5	7 425	15 447.5
分配金额合计			32 090	19 800	51 890

辅助生产费用分配表(表4-6)中,由于辅助生产车间内部相互提供劳务不分配费用,因此其费用分配率(单位成本)应以待分配费用除以供应基本生产车间和行政管理部门的劳务数量之和(辅助生产以外单位的劳务数量)计算。

根据辅助生产费用分配表(表4-6),可以编制如下会计分录:

借:制造费用——一车间　30 000

　　　　　——二车间　6442.5

管理费用　15 447.5

贷:生产成本——辅助生产成本——机修车间　32 090

——供电车间　19 800

采用直接分配法，各辅助生产车间的待分配费用只对除辅助生产车间以外的受益对象分配一次,计算工作简单。但是,由于计算分配率时扣除了辅助车间受益的劳务量,导致分配率虚增,因而分配结果不够准确。直接分配法一般适宜在辅助生产内部相互提供劳务不多、不进行费用的交互分配以及对辅助生产成本和企业产品成本影响不大的情况下用。

——知识链接——

实际工作中分配各种费用计算分配率时,往往会出现除不尽的情况,分配率是个近似数,那么在计算最后一个分配对象应负担的费用时,应该采用“倒减”的方法,即用待分配的费用总额减去已经分配出去的费用,以保证账面数字的平衡。

2.交互分配法

交互分配法是根据各辅助生产车间、部门相互提供劳务的数量和交互分配前的费用分配率(单位成本)在辅助生产车间、部门之间先进行一次交互分配,然后将各辅助生产车间、部门交互分配后的实际费用(即交互分配前的费用加上交互分配转入的费用,减去交互分配转出的费用)再按照提供劳务的数量,在辅助生产车间、部门以外的各受益单位之间进行分配。

【例4-4】仍沿用例4-3的资料,采用交互分配法编制“辅助生产费用分配表”,见表4-7:

表 4-7　辅助生产费用分配表

(交互分配法)

201×年7月　　　　单位:元

项目				交互分配			对外分配		
辅助生产车间名称				机修	供电	合计	机修	供电	合计
待分配费用				32 090	19 800	51 890	29 632	22 258	51 890
劳务供应数量总额				16 045	33 000		12 836	26 400	
费用分配率(单位成本)				2	0.60		2.3085	0.8431	
辅助生产消耗	应借“生产成本”账户	机修车间	数量		6 600				
			金额		3 960				
		供电车间	数量	3209					
			金额	6418					

续表

项目			交互分配			对外分配		
辅助生产车间名称			机修	供电	合计	机修	供电	合计
基本生产一车间消耗	应借“制造费用——一车间”账户	数量				9 000	10 000	
		金额				20 776.5	8431	29 207.5
基本生产二车间消耗	应借“制造费用——二车间”账户	数量				627	6 500	
		金额				1447.43	5480.15	6927.58
行政管理部门消耗	应借“管理费用“账户	数量				3 209	9 900	
		金额				7 408.07	8 346.85	15 754.92
分配金额合计						29 632	22 258	51 890

在辅助生产费用分配表(表4–7)中,“交互分配”栏中的待分配费用除以劳务供应数量总额,即为费用分配率。“对外分配”栏中的待分配辅助生产费用为:

机修车间待分配费用=32 090+3960–6418=29 632(元)

供电车间待分配费用=19 800+6418–3960=22 258(元)

“对外分配”栏所依据的劳务供应数量总额为:

机修车间:16045–3209=12 836(小时)

供电车间:33000–6600=26 400(度)

根据辅助生产费用分配表(表4–7),可以编制如下会计分录:

(1)交互分配会计分录

借:生产成本——辅助生产成本——机修车间 3960

——供电车间 6418

贷:生产成本——辅助生产成本——机修车间 6418

——供电车间 3960

(2)对外分配会计分录

借:制造费用——一车间 29207.5

——二车间 6927.58

管理费用 15 754.92

贷:生产成本——辅助生产成本——机修车间 29 632

——供电车间 22 258

采用交互分配法,由于对辅助生产车间内部相互提供的劳务全部进行了交互分配,因而提高了分配结果的合理性和准确性。但是,计算较复杂。这种方法适合于辅助生产车间之间相互提供产品或劳务数量大、费用差别较大的企业。

通过辅助生产费用的归集和分配,应计入本月产品成本的生产费用都已分别归集在“生产成本”和“制造费用”两个总账和所属明细账的借方。其中,计入“生产成本”总账借方的费用已在各产品成本明细账的本月发生额中按有关的成本项目反映。

第二节 制造费用的归集与分配

一、制造费用的归集

(一)制造费用的组成内容

制造费用是指制造企业各个生产单位(包括车间和分厂)为组织和管理生产而发生的各项费用,包括:折旧费、修理费、租赁费、保险费、水电费、取暖费、差旅费和办公费等。

(二)制造费用的归集

制造费用的归集是通过设置“制造费用”账户进行的。该账户借方归集月份内发生的制造费用,贷方反映费用的分配,除季节性生产企业外,月末一般无余额。为了分别反映各车间、部门各项制造费用的支出情况,该账户还应按不同的车间、部门设置明细账,账内按照费用项目设立专栏或专户。

制造费用的项目一般应包括机物料消耗、职工薪酬、折旧费、修理费、租赁(不包括融资租赁)费、保险费、低值易耗品费、水电费、取暖费、运输费、差旅费、办公费、劳动保护费、设计制图费、试验检验费等。费用项目一经确定,不得任意变更,以利于各期成本费用资料的比较。

如果辅助生产车间发生的制造费用是通过“制造费用”账户核算的,则应比照基本生产车间发生的制造费用核算。

根据第三章和本章有关资料归集宏达企业基本生产车间的制造费用,登记“制造费用”明细账。

表 4-8 制造费用明细账

车间名称:第一车间　　　　201×年7月　　　　单位:元

201×年 月	日	凭证号数	摘要	职工薪酬	折旧费	机物料消耗	水电费	办公费	修理费	运输费	其他	合计
7	31	略	原材料费用分配(表 3-3)			18 800						18 800
			动力费用分配(表 3-4)				1200					1200
			职工薪酬分配(表 3-6、3-7)	3192								3192
			折旧费用分配(表 3-8)		3460							3460
			其他要素费用分配(表 3-9)					3050		200	2400	5650
			辅助生产费用分配(表 4-6)				7500		22 500			30 000
			本月合计	3192	3460	18 800	8700	3050	22 500	200	2400	62 302
			本月转出	3192	3460	18 800	8700	3050	22 500	200	2400	62 302

表 4-9 制造费用明细账

车间名称:第二车间　　　　201×年7月　　　　单位:元

201×年 月	日	凭证号数	摘要	职工薪酬	折旧费	机物料消耗	水电费	办公费	修理费	运输费	其他	合计
7	31	略	原材料费用分配(表 3-3)			9600						9600
			动力费用分配(表 3-4)				1500					1500
			职工薪酬分配(表 3-6、3-7)	2850								2850
			折旧费用分配(表 3-8)		2040							2040
			其他要素费用分配(表 3-9)					2000		200	1400	3600
			辅助生产费用分配(表 4-6)				4875		1567.5			6442.5
			本月合计	2850	2040	9600	6375	2000	1567.5	200	1400	26 032.5
			本月转出	2850	2040	9600	6375	2000	1567.5	200	1400	26 032.5

二、制造费用的分配

(一)制造费用分配对象的确定

制造费用的分配对象应是各车间(或分厂)本期所生产的各种产品和所提供的劳务。

具体分配时,在只生产一种产品的车间(或分厂)中,制造费用是直接计入费用,应直接计入该种产品成本。在生产多种产品的车间(或分厂)中,应采用适当的分配方法计入各种产品的成本。

(二)制造费用的分配方法

制造费用的分配方法很多,常用的方法有以下几种:

(1)生产工时(实耗工时或定额工时)比例分配法;

(2)生产工人工资比例法;

(3)机器工时比例分配法;

(4)年度计划分配率分配法。

采用前三种方法,有关计算公式如下:

$$分配率=\frac{制造费用总额}{各种产品生产工时(生产工人工资、消耗机器工时)总数}\times 100\%$$

某种产品应负担的制造费用 =该产品生产工时(生产工人工资)×分配率

【例4-5】宏达企业设有两个基本生产车间,一车间生产甲、乙两种产品,二车间生产丙产品。该企业所发生的制造费用如上例,采用生产工时比例分配法进行分配。201×年7月一车间归集的制造费用总额为62 302元,二车间归集的制造费用总额为26 032.5元。本月甲产品消耗生产工时30 000小时,乙产品消耗生产工时20 000小时。则其分配计算过程如下:

$$分配率=\frac{62\ 302}{50\ 000}=1.246\ 04(元/小时)$$

甲产品应分配的制造费用=30 000×1.246 04=37 381.2(元)

乙产品应分配的制造费用=20 000×1.246 04=24 920.8(元)

上述计算过程一般是通过编制制造费用分配表进行的。该表的内容与格式参见表4-10:

表 4-10 制造费用分配表

201×年7月

应借账户		生产工时(小时)	分配率	分配额(元)
生产成本——基本生产成本	甲产品	30 000		37 381.2
	乙产品	20 000		24 920.8
合计		50 000	1.246 04	62 302

根据表4-10,可以编制制造费用分配的会计分录如下:

借:生产成本——基本生产成本——甲产品　37 381.2

——乙产品　24 920.8

——丙产品　26 032.5

贷:制造费用——一车间　62 302

——二车间　26 032.5

采用生产工时比例分配法和生产工人工资比例分配法,资料容易取得,核算比较简便。但是,采用这两种方法时,各种产品生产的机械化程度不能相差悬殊,否则制造费用中机器设备的折旧费、修理费将大部分由机械化程度低的产品来负担,显得不合理,不能真实反映各产品的成本水平。

机器工时比例分配法适用于机械化、自动化程度较高的车间,因为机器设备的折旧费、修理费等与机器运转的时间密切相关,但制造费用并非都与机器设备的使用有关,一律按机器工时比例分配显得不太合理。

为了提高分配结果的合理性,也可以对制造费用进行分类,分别按照机器工时和生产工时等比例分配。

年度计划分配率分配法,是按照预先确定的全年度内的计划分配率分配制造费用,不管各月实际发生多少制造费用,各月各种产品成本中的制造费用均按年度计划分配率分配。假定以定额工时作为分配标准,则其计算公式如下:

$$分配率=\frac{制造费用总额}{各种产品生产工时(生产工人工资、消耗机器工时)}\times 100\%$$

某种产品应负担的制造费用 =该产品生产工时(生产工人工资、消耗机器工时)×分配率

【例4-6】假设某车间全年制造费用计划发生额为600 000元。全年各种产品的计划产量为:A产品25 000件,B产品10 000件。单件产品工时定额为:A产品6小时,B产品5小时。1月份实际产量为:A产品2 000件,B产品800件。1月份实际发生的制造费用为50 000元。则年度计划分配率和1月份制造费用分配计算如下:

$$制造费用年度计划分配率=\frac{600\ 000}{25\ 000\times 6+10\ 000\times 5}=3$$

1月份制造费用分配:

A产品应分配制造费用=2000×6×3=36 000(元)

B产品应分配制造费用=800×5×3=12 000(元)

根据上述计算结果,编制1月份制造费用分配的会计分录

借:生产成本——基本生产成本——A产品　36 000

——B产品　12 000

贷:制造费用　48 000

1月份“制造费用”账户有借方余额2000元。

采用计划分配率分配法分配制造费用,“制造费用”账户月末可能有借方余额,也可能有贷方余额。借方余额表示超过计划的预付费用,属于待摊费用,应列作企业资产项目;贷方余额表示按照计划应付而未付的费用,属于预提费用,应列作企业的负债项目。全年制造费用

的实际发生额与计划分配额的差额，通常应在年末调整。

【例4-7】承接例4-6，假设到年度结束，全年实际发生的制造费用为615 000元，至年末累计已分配制造费用620 000元(其中A 产品已分配400 000元，B产品已分配220 000元)，多分配5000元。应按已分配比例调整冲回多分配的制造费用。其计算如下：

$$A产品应调减制造费用=5000\times\frac{400\ 000}{620\ 000}=3225.81(元)$$

$$B产品应调减制造费用=5000\times\frac{220\ 000}{620\ 000}=1774.19(元)$$

年末调整分配的会计分录：

借：生产成本——基本生产成本——A产品 3225.81

——B产品 1774.19

贷：制造费用 5000

如果是超支差异(实际发生额大于计划分配额的差额)，则年终进行追加调整分配时，应编制蓝字分录(对应关系同上)。

年终调整分配后，"制造费用"账户应无余额。

按年度计划分配率分配制造费用，核算工作较为简便，特别适用于季节性生产的企业。因为在这种生产企业中，每月发生的制造费用相差不多，但生产的淡季和旺季产量却相差悬殊，如果按实际费用进行分配，各月单位成本中的制造费用就会忽高忽低，不利于成本分析与考核。而按年度计划分配率分配制造费用，有利于均衡各月的产品成本水平。但是，采用这种分配方法，必须有较高的计划管理工作水平，否则年度制造费用的计划数脱离实际数太大，会影响企业成本计算的准确性。

通过上述制造费用的归集和分配，除了按年度计划分配率分配制造费用的企业外，月末"制造费用"总账及所属明细账都应当没有余额。

至此，在不单独核算废品损失和停工损失的企业中，应计入当月产品成本的生产费用，都已归集在"生产成本"总账的借方，并已归集在所属产品成本明细账本月发生额的有关成本项目中。不再单独核算生产损失的企业，生产费用在各种产品之间的费用界限已经划分清楚，只待划分完工产品和在产品的费用界限。

第四节 废品损失和停工损失的核算

一、废品损失的核算

(一)废品损失的内容

生产中的废品是指不符合规定的技术标准，不能按照原定用途使用，或者需要重新加工修理才能使用的成品、半成品或在产品。不论是在生产过程中，还是在入库后发现的废品，都应包括在内。

废品应按不同的标准进行分类,常用的分类有以下两种。

1. 按废品生产的原因分为工料和料废。工料是指在产品生产过程中，由于加工工艺技术、人工操作方法、技术水平等方面的缺陷而产生的废品;料废是指由于材料质量、规格、性能不符合生产加工要求而产生的废品。

2. 按消除废品缺陷的可能性和经济性,分为可修复废品和不可修复废品。可修复废品，是指经过修理可以使用,而且所花费的修复费用在经济上是合算的废品;不可修复的产品，则是指不能修复或者所花费的修复费用在经济上不合算的废品。

废品的生产,实际上增大了企业的完工产品成本,降低了企业的经济效益。因此,正确组织废品损失的核算,对于改进生产技术、提高产品质量、降低产品成本、提高经济效益都有着重要意义。

废品损失是指由于生产的原因造成废品所发生的损失。废品损失包括在生产过程中和入库时发现的不可修复废品的生产成本以及可修复废品的修复费用，扣除回收的废品残料价值和应由过失单位或个人赔款以后的净损失。

经过质量检验部门鉴定不需要返修、可以降价出售的不合格品的成本与合格品的成本相同;其降价损失应该在计算销售损益中体现,不应作为废品损失处理,产品入库后,由于保管不善等原因而损坏变质的损失,属于管理上的问题,应作为管理费用处理,也不作为废品损失处理。实行包退、保修、包换“三包”的企业,在产品出售以后发生的废品所发生的一切损失,也应计入管理费用,不包括在废品损失内。

——知识链接——

已售产品如何确认废品损失

废品损失首先应该是由生产原因造成的损失,但在会计实务中不是所有因生产原因导致的废品都计入损失。为分清责任、方便核算,一般在企业内发生的即可确认废品损失;当产品出售后,从实质上讲虽然仍是损失,但在会计核算上一般是计入“管理费用”而不计入“废品损失”。

(二)废品损失核算的账户设置

废品损失的核算一般有单独核算废品损失和不单独核算废品损失两种方式。前者适用于产品生产中易发生废品,管理上需单独考核“废品损失”及有关费用项目指标的企业;反之则采用后者。

在不单独核算废品损失的企业中,可修复废品的损失应直接计入有关的成本项目;不可修复的废品只扣除产量,不结转成本;废品的残料价值可直接冲减相应产品成本明细账中的“直接材料”成本项目。

在单独核算废品损失的企业中,可以单独设置“废品损失”总账,也可以在“生产成本”总账及二级账户下设置“废品损失”明细账,在“废品损失”明细账下分车间,按产品设置账页,账内按成本项目设专栏进行核算。“废品损失”账户借方归集可修复废品的修复费用和不修复废品的实际生产成本及退回废品的运杂费;贷方登记废品残料回收的价值和应收赔偿款,以及计入当期产品成本的净损失。该账户月末一般无余额。

(三)不可修复废品损失的核算

不可修复废品的损失是指不可修复废品的生产成本扣除废品残料和赔偿款后的净损失。对于不可修复废品损失,应当先确定其生产成本。不可修复废品的生产成本,可以按实际成本计算,也可以按定额成本计算。

1.按实际成本计算的不可修复废品的核算

不可修复废品确定报废前,所发生的实际成本是与合格品一起归集在“生产成本”账户借方,发生不可修复废品时,无法直接从“生产成本”账户上确定其实际成本,为此,需要将归集在“生产成本”账户上的实际生产成本,按照一定的方法在合格品和不可修复废品之间进行分配。

生产费用在不可修复废品与合格品之间的分配方法决定于不可修复废品发生的不同阶段。

当不可修复废品发生在完工入库时,合格品与废品应负担同等的费用,因而可以按二者的产量作为分配标准进行分配。其计算公式为:

$$费用分配率=\frac{应分配的生产费用}{合格品产量+不可修复废品数量}$$

$$合格品应负担的费用=合格品产量\times费用分配率$$

$$不可修复废品应负担的生产费用=不可修复废品数量\times费用分配率$$

对于生产过程中发生的废品,若原材料系一次投入,则原材料等直接材料仍可按产量作为分配标准,其他费用则按生产工时作为分配标准;若原材料系分次投入,并与完工程度一致,则应按废品的约当产量(即以废品数量乘以废品完工程度)作为标准进行分配。计算公式与上述相同,只需将公式中的“产量”换成“生产工时”或“约当产量”即可。如果原材料费用在生产费用中所占比重较大,为简化核算,也可只将原材料费用在废品与合格品之间分配,其他费用则全部由合格品承担。

【例4-8】某厂×车间8月完工甲产品3000件,入库时,经检验合格品2970件,不可修复废品30件。本月生产共消耗2500工时,其中废品生产消耗25工时。本月生产费用直接材料6万元,直接人工15 000元,制造费用27 000元,废品残值估价400元,已交仓库验收入库,应由过失人赔偿120元。原材料系一次投入。假设该企业的直接材料费用按产量比例分配,其他费用按工时比例分配。根据以上资料编制废品损失计算表(见表4-11)。

根据废品损失计算表(见表4-11)及有关凭证,编制会计分录如下:

(1)结转不可修复废品成本

借:废品损失——甲产品　1020

　贷:生产成本——基本生产成本(甲产品)　1020

(2)结转废品残料价值

借:原材料　400

　贷:废品损失——甲产品　400

(1)结转应由过失人赔偿款项

借:其他应收款——××× 120

贷:废品损失——甲产品 120

(2)将废品净损失转入合格品成本

借:生产成本——基本生产成本(甲产品)500

贷:废品损失——甲产品 500

表 4-11 损失计算表

××年8月　　　　产品名称:甲产品

×车间　　　　单位:元

项 目	直接材料	直接人工	制造费用	合 计
生产费用总额	60 000	15 000	27 000	102 000
分配标准	2970+30	2475+25	2475+25	
分配率	20	6	10.8	
废品成本	600	150	270	1 020
减:残值	400			400
赔款		120		120
废品损失	200	30	270	500

需要注意的是,上述账务处理中,结转不可修复成本时,是将归集在“生产成本——基本生产成本(甲产品)”账户的“直接材料”、“直接人工”、“制造费用”等成本项目借方中的废品损失由贷方转出;而将废品净损失转入合格品成本时,则是将在“废品损失——甲产品”账户确定的废品净损失转入“生产成本——基本生产成本(甲产品)”账户借方的“废品损失”成本项目。

按实际成本计算、分配废品损失,其结果较为准确,但工作量较大,并且只能在月末产品生产费用算出后才能进行,不利于及时控制废品损失。

2.按定额成本计算不可修复废品损失的核算

按定额成本计算不可修复废品损失是将不可修复废品按照工时定额和各种费用定额计算废品成本,实际成本与定额成本的差额全部都由合格品负担。

【例4-9】假设某厂×车间验收时发现甲产品中不可修复废品30件,每件甲产品的费用定额为直接材料21.5元,直接人工5.5元,制造费用11元。其他资料用表4-11,根据上述资料编制废品损失计算表(见表4-12),会计分录编制同例4-8。

采用费用定额计算废品成本方法很简便、计算及时,有利于控制废品损失,故应用较为广泛。此方法适用于定额成本资料比较完善、准确的企业。

表 4-12　废品损失计算表

××年8月　　　　　　　　　　　　　　　　　　　产品名称：甲产品

×车间　　　　　　　　　　　　　　　　　　　　　　单位：元

项　目	直接材料	直接人工	制造费用	合　计
单位产品费用定额	21.50	5.50	11.00	38.00
废品定额成本	645.00	165.00	330.00	1140.00
减：残值	400.00			400.00
赔款		120.00		120.00
残品损失	245.00	45.00	330.00	620.00

（四）可修复废品损失核算

可修复废品损失是指在废品修复过程中发生的修复费用，包括为修复废品所消耗的直接材料、直接人工、制造费用等。可修复废品损失的核算与不可修复废品损失的核算基本相同，不同之处在于前者的核算目的是归集修复费用并确认损失，后者的核算目的仅仅是确认损失。可修复废品发生的各种修复费用，应根据各种费用分配表归集在“生产成本——基本生产成本”账户及其有关明细账的借方，如有残值回收和应收赔偿款，应抵减废品成本，即分别根据废料交库单和有关结算凭证，将残料价值由“废品损失”账户的贷方转入“原材料”等有关账户的借方，将应收赔偿款由“废品损失”账户的贷方转入“其他应收款”账户的借方；最后，将废品净损失（即修复费用减去残值和赔款的差额）由“废品损失”账户的贷方转入“生产成本”账户的借方“废品损失成本”项目。

二、停工损失的核算

（一）停工损失的含义

停工损失是指企业或生产车间、班组因停工而发生的各种支出，包括停工期间支付的生产工人工资、职工福利费、消耗的燃料和动力以及应负担的制造费用。

企业停工的原因多种多样，有计划内停工，如因计划减产、季节性停产期间造成的停工；计划外停工，如各种事故（停工待料、电力中断、设备故障等）和非常灾害造成的停工。在单独核算停工损失的情况下，停工损失一般应单独计入产品成本，但不是所有停工损失都要计入产品成本。对于企业计划减产造成全厂连续停产10天以上，或企业主要生产车间连续停产一个月以上，以及非常灾害造成的停工损失，应计入“营业外支出”，而不应计入产品成本，对于季节性停产、修理期间停产以及全车间或者一个班组停工不满一个工作日的停工损失，应计入“制造费用”；对辅助生产车间发生的停工损失，可直接计入辅助生产费用，而不能直接计入产品成本。

（二）停工损失的核算

停工损失的核算应以停工通知单为核算的原始凭证。停工通知单中，应填明停工原因、停工时间、应记工人工资、经济责任单位或人员等。财会部门需要根据有关部门、领导审核签章后的停工通知单核算停工损失。

核算停工损失,可单独设置“停工损失”总账,下面再分车间按产品设置明细账。明细账中,按成本项目设置专栏反映停工损失,也可以在“生产成本”账户下设置“停工损失”二级账。“停工损失”账户借方归集因停工发生的各项费用;贷方登记结转应由过失单位或个人赔偿的款项,以及应转出和分配到产品成本中的损失;月末若停工终止,则该账户应无余额,若继续停工,其停工损失可不结转,待停工终止后再进行结转,因此,该账户可能出现借方余额。

停工损失核算的基本程序如下:

1.企业在发生停工损失时,根据审核后的停工通知单和有关费用分配表,做账务处理如下:

借:停工损失——××车间

　贷:应付工资

　　应付福利费

　　制造费用

2.结转过失单位或个人赔偿款项时:

借:其他应收款——×××

　贷:停工损失——××车间

3.按规定应转为营业外支出的停工损失时:

借:营业外支出

　贷:停工损失——××车间

4.将停工损失结转产品成本时:

借:生产成本——基本生产成本(×产品)

　贷:停工损失——××车间

对于较少发生停工损失的企业,也可以不单独设置“停工损失”账户,停工期间发生的费用可计入“制造费用”账户。

【视野纵横】

新经济环境下对成本会计提出的挑战表现

“成本会计”和“出纳”、“应收账款会计”、“应付账款会计”都是会计工作的基础岗位。“现金流”循环中从现金变存货,再由存货变为现金,一般企业特别是工业企业,存货在资产负债表中所占的比重很高,可以说流动资产中大部分是存货,都在至少三个月销售额以上。就是说企业的现金流中承上启下的就是“成本会计”。他要核算和控制的是从材料变为在产品,最终成为产成品的所有财税处理。“成本会计”可能是会计工作中最烦琐的工作。因为原材料、在产品、产成品的种类繁多,要核算清楚时工作量巨大。要了解每一个BOM,有差错要一颗颗料去查。每天就在做表,查差异。还要去了解企业的研发、生产、销售等实际情况。

“成本会计”的主要工作是核算和控制企业的所有存货成本。企业从财务来说可以建立核心竞争力的只有成本最优。成本会计所有工作应该都是建立在此基础上的。成本方面的预算一般都是通过BOM的标准成本来实现的。BOM可以说是成本的核心。成本会计的工作都要依赖其他部门的同事的协助才可以完成。举例来说一个新型号的产品上马。第一步是研发部门,设计好产品,定好BOM。开发部门得去询价,定样品。成本会计应参与到此流程中去分析产品的成本、毛利等,为相关部门人员提供决策的依据。第二步是小批量试生产,制造工程部门的工程人员制定产品的工艺流程,测试和制定人工和机器定额等。成本会计应按业务的实质制定相关的成本核算控制和流程。第三步是批量生产。成本会计应该为此提供实际成本与标准成本的差异分析,查找到相关原因,为管理和决策提供依据。如返修率过高,应按相关工程人员的分析报告,将因为返修引起的所有成本做出分析,将工程人员估计的正常返修去除,按工程人员分析引起返修的工位分到部门或个人等。简而言之就是用数据来反映返修的原因,提出分摊相关成本到相关责任部门或建议有权的管理人员制定相应措施来实现返修率的正常化。返修率高看似只是小问题,但因为在分工精细化的今天,因为返工需要时间,客户对产品有交货期限的要求,可能会不能及时交货,客户就会撤销订单。就算来得及交货,但采购一般是按正常用量加上估计的返修或报废的量订购的材料。因为返修可能要用相应的材料,但企业没有库存,要向供应商要货。但供应商的货一样有交货时间,不可能马上就到,一样会引起企业相关成本的增加。这是一个不良的现金循环,会造成销售量的下降,相关材料的积压。对现金循环来说,就会让企业的现金永久性地减少。从以上例子可以看出企业的成本会计是“现金流”回流的关键,只有企业生产出最优成本的产品,才可以从客户处取得现金,用于新的现金循环。

新的经济环境对成本会计提出了挑战,主要表现在以下几个方面:

1.全球竞争的加剧;

2.产业结构的变化;

3.生产环境的进步;

4.适时生产系统的出现;

5.全面质量管理的要求;

6.作业基础成本法的应用。

本章小结

- 辅助生产费用的归集和分配
  - 辅助生产费用的归集
  - 辅助生产费用的分配
    - 直接分配法
    - 交互分配法

- 制造费用的归集和分配
  - 制造费用的归集
  - 制造费用的分配
    - 生产工时比例法
    - 生产工人工资比例法
    - 机器工时比例分配法
    - 年度计划分配率分配法

- 废品损失和停工损失
  - 废品损失的核算
  - 停工损失的核算

第五章　生产费用在完工产品与在产品之间的分配

学习目标

通过本章的学习，理解在产品的概念及其核算对产品成本的影响，了解在产品数量的确定方法、意义及在产品清查的有关核算，掌握生产费用在完工产品与在产品之间分配的方法。

本章导读

工业企业产品成本核算的目的就是为归集生产费用计算出一定会计期间的完工产品的总成本和单位成本。企业的各项生产费用要素，如直接材料费用、直接人工费用和制造费用等，在按照一定的方法对其进行审核、控制和日常核算的基础上，并在各种产品之间进行分配和归集后，本月发生的生产费用已经全部归集在“生产成本——基本生产成本”账户的借方。在月末计算产品成本时，如果某种产品月末全部没有完工，计入“生产成本——基本生产成本”账户的生产费用合计，就是这种产品的月末在产品成本；如果某种产品全部完工，没有在产品，那么“生产成本——基本生产成本”账户的生产费用合计就是本月完工产品的总成本；如果月末一部分完工，一部分未完工，这时就需要把全部的生产费用采用一定的方法在完工产品和月末在产品之间进行分配。

第一节　在产品数量的核算

一、在产品的概念

在产品是指已经投入生产，但没有完成全部生产过程、不能作为商品销售的产品。

在产品包括狭义在产品和广义在产品。前者是指某车间或某一生产步骤正在加工的在制品（含返修中的废品）；后者是指企业各个车间正在加工的在制品和已经完成一个或几个生产步骤,还需继续加工的半成品(含未经验收入库的产品和等待返修的产品)。狭义在产品是就某一车间或某一生产步骤而言的,广义在产品则是就整个企业而言的。

二、在产品台账的设置

在产品数量核算必须具备账面核算资料和实际盘点资料,前者通过设置“在产品台账”,组织在产品收发结存的日常核算。“在产品台账”应分车间,按照产品品种和在产品的名称设置,以登记车间各种在产品转入、转出和结存的数量。 “在产品台账”还可以根据生产特点和管理需要,按照在产品加工顺序,以便反映在产品在各工序间的转移和数量变动情况。各车间或工序应做好在产品的计量、验收和交接工作,并在此基础上,根据领料凭证、在产品内部转移凭证、产品检验凭证和产品交库凭证,及时登记“在产品台账”。“在产品台账”一般由车间核算人员登记(也可以由班组核算人员登记,车间核算人员汇总),其格式参见表5-1:

表 5-1 在产品台账

在产品名称:甲种在产品

车间名称:××车间　　　　单位:件

日期	摘要	收入		转出			结存	
		凭证号	数量	凭证号	合格品	废品	完工	未完工
		101	80	201	76		2	2
		103	84	203	78	2	2	2
		……	……	……	……	……	……	……
	合计		2600		2500	20	40	40

企业应对在产品定期或不定期地进行清查,以取得在产品的实际盘存资料,并与“在产品台账”进行核对,编制“在产品盘存表”,填明在产品的账存数、实存数、盘盈盘亏数以及盈亏的原因和处理意见等资料。对于报废和毁损的在产品,还要登记残值。如不设置“在产品台账”,也应按月进行在产品盘点,取得实际资料,作为编制在产品盘存表的依据。对于“在产品盘存表”,必须进行认真审查,分析原因,采取措施,改善在产品管理,并根据审查结果按照财务会计中存货的盘盈盘亏进行账务处理。

库存半成品增减变动及清查的核算,可以比照库存材料的核算进行。辅助生产车间的在产品数量核算与基本生产车间相似,在“生产成本”账户进行。

三、在产品的清查

为了核算在产品数量,除做好以上在产品账面核算资料工作外,还必须定期或不定期地对在产品进行清查,以便取得在产品的实际盘存资料,并与产品台账等账面核算资料进行核对,编制在产品盘存表,表中应填明在产品账面数、实存数、盘盈或盘亏数及盈亏原因、处理意见等;对于报废和毁损的在产品,还需要登记残值。企业应对在产品盘存表进行认真审核,分析原因,以便采取措施,进一步改善在产品管理,并根据审核后的在产品盘存表进行账务处理。

在产品清查结算的账务处理是通过“待处理财产损益——待处理流动资产损益”账户进行的。具体处理程序如下:

(一)在产品盘盈的核算

1.在产品发生盘盈时

借:生产成本

　贷:待处理财产损益——待处理流动资产损益

2.经批准核销盘盈时

借:待处理财产损益——待处理流动资产损益

　贷:制造费用等

(二)在产品盘亏毁损的核算

1.在产品发生亏盘、毁损时

借:待处理财产损益——待处理流动资产损益

　贷:生产成本

2.经批准按不同情况进行处理

(1)收回残值时:

借:原材料等

　贷:待处理财产损益——待处理流动资产损益

(2)应向有关单位、部门、过失人索赔时:

借:其他应收款

　贷:待处理财产损益——待处理流动资产损益

(3)因意外灾害或无法索赔的损失:

借:制造费用等

　贷:待处理财产损益——待处理流动资产损益

库存半成品清查的核算,可比照库存材料的核算处理。

——知识链接——

财产清查是通过对实物、现金的实地盘点和对银行存款、债权债务的核对,来确定财产物资、货币资金和债权债务的实存数,并查明账面结存与实存数是否相符的一种专门方法。

第二节　生产费用在完工产品与产品之间的分配

企业归集各项生产费用、计算在产品数量的目的,是确定完工产品成本。当月末某产品既有完工产品、又有未完工产品时，就需将归集的产生费用在完工产品和月末在产品之间分配。分配时，首先应将“生产成本——基本生产成本”账户的月初在产品成本，加上本月归集在借方的各项生产费用，计算出生产费用累计数，再根据在产品数量及完工程度、各项费用比重大小以及定额管理水平等具体情况，选择适当的分配方法，将生产费用累计数在完工产品和月末在产品之间进行分配。

一、生产费用在完工产品与在产品之间分配的方法

在完工产品和月末在产品之间分配生产费用，应根据在产品数量的多少、各月在产品数量的波动程度、各项费用比重的大小、定额管理水平等具体条件，选用适当的分配方法。

(一)约当产量比例法

约当产量是指将月末在产品实际数量按其完工程度折合为完工产品的数量。约当产量比例法是指按照完工产品数量和在产品约当产量的比例分配费用的方法。计算公式如下：

$$\text{在产品约当产量}=\text{在产品数量}\times\text{完工程度或投料程度}$$

$$\text{费用分配率}=\frac{\text{该项费用总额}}{\text{完工产品产量}+\text{在产品约当产量}}\times100\%$$

$$\text{完工产品应分配费用}=\text{完工产品产量}\times\text{费用分配率}$$

$$\text{在产品应分配费用}=\text{在产品约当产量}\times\text{费用分配率}$$

$$=\text{该项费用总额}-\text{完工产品该项费用分配额}$$

上述费用的分配，应按成本项目进行，以反映完工产品和在产品的成本构成，满足成本计算的要求。

如果产品消耗的直接材料是生产开始时一次性投入的，则无论在产品完工程度如何，都应负担全部直接材料费用，即按在产品实际数量与完工产品产量的比例分配直接材料费用；如果直接材料是逐次投入的，则在产品的耗料程度应按完工程度确定，此时应按在产品完工程度将其折合为约当产量，再按与完工产品产量的比例进行分配。其他成本项目一律按在产品的约当产量和完工产品产量的比例进行分配。

采用约当产量比例法，在产品完工程度的测定对费用分配的准确性有着决定性影响。在各工序在产品数量和单位在产品在各工序的加工量都相差不大的情况下，后面各工序在产品多加工的程度可以抵补前面各工序少加工的程度。这样，全部在产品完工程度均可按50%平均计算。如果不属于这种情况，则各工序在产品的完工程度要按工序分别鉴定。

为了提高成本计算的准确性，加速成本计算工作，可以根据各工序的累计工时定额占完工产品工时定额的比例，事前确定各工序在产品的完工率即加工程度。计算公式如下：

$$\text{某道工序在产品完工率}=\frac{\text{前面各道工序工时定额之和}+\text{本工序工时定额}\times50\%}{\text{产品工时定额}}\times100\%$$

上式中，本工序(即在产品所在工序)的工时定额之所以乘以50%，是因为该工序中各件在产品完工程度不同，为简化完工率的测算工作，完工程度都按50%计算。在产品从上一道工序转入下一道工序时，其上一道工序已经完工，因而前面各道工序的工时定额都按100%计算。

【例5-1】假设某企业甲产品的工时定额为40小时，甲产品经两道工序加工完成，每道工序工时定额分别为30小时和10小时。则其完工率计算如下：

$$第一道工序完工率=\frac{30\times50\%}{40}\times100\%=37.5\%$$

$$第二道工序完工率=\frac{30+10\times50\%}{40}\times100\%=87.5\%$$

产品各工序的完工率确定后，每月计算产品成本时，根据各工序的月末在产品数量和确定的完工率，就可以计算各工序月末在产品的约当产量，以及月末所有工序在产品的约当产量总数。

【例5-2】接例5-1的资料，甲产品月末在产品为694件，其中假设第一道工序的在产品为494件，第二道工序的在产品为200件。则甲产品月末在产品约当产量计算如下：

第一道工序在产品约当产量=494×37.5%=185.25（件）

第二道工序在产品约当产量=200×87.5%=175（件）

月末在产品约当产量总数=185.25 +175=360.25（件）

【例5-3】根据例5-2的资料，月初在产品成本为60 887.3元，其中：直接材料31 055元，直接人工14 248元，制造费用15 584.3元。本月生产费用为203 202.7元，其中：直接材料103 645元，直接人工47 652元，制造费用51 905.7元。本月完工产品2000件，采用约当产量法分配生产费用。计算完工产品成本和月末在产品成本（假设甲产品消耗的材料是在生产开始时一次投入的）。则：

$$直接材料分配率=\frac{31\ 055+103\ 645}{2000+694}=50（元/件）$$

完工产品分配的直接材料=2000×50=100 000（元）

月末在产品分配的直接材料=694×50=34 700（元）

$$直接人工分配率=\frac{14\ 248+47\ 652}{2000+360.25}=26.2260（元/件）$$

完工产品分配直接人工=2 000×26. 2260=52 452（元）

月末在产品分配直接人工= 14 248+47 652−52 452=9448（元）

$$制造费用分配率=\frac{15\ 584.3+51\ 905.7}{200+360.25}=28.5944（元/件）$$

完工产品分配制造费用=2000×28.5944=57 188.8（元）

月末在产品分配制造费用= 15 584.3+51 905.7−57 188.8=10 301.2（元）

完工产品成本=100 000+52 452+57 188.80=209 640.8元

在产品成本=34 700+9448+10301.2=54 449.2元

上述分配过程中，由于直接人工和制造费用两个成本项目的分配率都除不尽，故在计算月末在产品应分配直接人工和制造费用时都对尾数进行了调整（误差末项求平），以便使完工产品成本加上月末在产品成本等于月初在产品成本加上本月生产费用合计数。

（二）定额成本法

在产品按定额成本计算的方法是根据在产品的数量与单位材料消耗定额、工时定额与单位工时的工资定额、费用定额计算在产品成本的方法。计算公式如下：

在产品的直接材料定额成本=在产品数量×单位材料定额消耗量×材料计划单价

在产品人工(制造费用)定额成本=在产品数量×单位工时定额×单位定额工时人工(制造费用)定额

在产品定额成本=在产品直接材料定额成本+在产品人工定额成本+在产品制造费用定额成本

完工产品成本=月初在产品成本+本月发生生产费用−月末在产品定额成本

【例5-4】假设某企业基本生产车间8月份生产的甲产品完工100件，月末在产品20件。月初在产品成本和本月生产费用的合计为：直接材料36 000元，直接人工21 000元，制造费用15 000元。单位在产品定额成本为：直接材料40元/件，直接人工3元/小时，制造费用2元/小时，单位产品工时定额50小时/件。假设其月末在产品完工程度为50%，材料系一次投入，按定额成本法计算如下：

单位在产品定额成本=40+(3+2)×50×50%=165(元/件)

月末在产品定额成本=20×165=3300(元)

月末完工产品成本=(36 000+21 000+15 000)−3300=68 700(元)

采用定额成本计算在产品成本，当月脱离定额的差异全部由完工产品成本负担。采用这一方法，要求各项定额准确，各月在产品数量变动不大，否则分配结果就会不合理。在修订消耗定额时，月末在产品按新定额计价发生的差额，也由完工产品成本负担。因此，采用这种方法，要求消耗定额比较稳定，不宜经常修改。

为了简化计算工作，采用这种方法时可以根据各项费用在成本中的比重，或者只计算在产品的材料定额成本，或者计算在产品的材料和人工定额成本，其他未计入在产品成本的费用，由于比重较小，全部由完工产品成本负担。

(三)定额比例法

定额比例法是按照完工产品和月末在产品定额费用比例或定额消耗量比例分配生产费用的方法。其中，直接材料费用按材料定额费用的比例分配，直接人工和制造费用按定额工时的比例分配。计算公式如下：

$$直接材料费用分配率=\frac{月初在产品直接材料费用+本月直接材料费用}{完工产品定额直接材料费用+月末在产品定额直接材料费用}\times 100\%$$

完工产品分配直接材料费用=完工产品定额直接材料费用×直接材料费用分配率

月末在产品分配直接材料费用=月末在产品定额直接材料费用×直接材料费用分配率

$$直接人工(制造费用)分配率=\frac{月初在产品直接人工(制造费用)+本月直接人工(制造费用)}{完工产品定额工时+月末在产品定额工时}\times 100\%$$

完工产品分配直接人工(制造费用)=完工产品定额工时×直接人工(制造费用)分配率

月末在产品分配直接人工(制造费用)=月末在产品定额工时×直接人工(制造费用)分配率

为了简化计算工作，各成本项目中月末在产品应分配的费用，可以通过生产费用合计减去完工产品应分配的费用求得。计算公式如下：

月末在产品分配费用=月初在产品费用+本月发生费用-完工产品分配费用

【例5-5】仍以例5-4资料为例，按定额比例法计算如下：

(1)直接材料费用分配率=$\frac{36\ 000}{100\times40+20\times40}$=7.5

完工产品应负担的直接材料费用=100×40×7.5=30 000(元)

在产品应负担的直接材料费用=20×40×7.5=6000(元)

(2)直接人工费用分配率=$\frac{21\ 000}{100\times3\times50+20\times3\times50\times50\%}$ =1.272 727

完工产品应负担的直接人工费用=100×3×50×1.272 727=19 091(元)

在产品应负担的直接人工费用=20×3×50×50%×1.272 727=1909(元)

(3)制造费用分配率=$\frac{15\ 000}{100\times2\times50+20\times2\times50\times50\%}$=1.363 636

完工产品应负担的制造费用=100×2×50×1.363 636=13 636(元)

在产品应负担的制造费用=20×2×50×50%×1.363 636=1364(元)

(4)完工产品成本=30 000+19 091+13 636=62 727(元)

在产品成本=6000+1909+1364=9273(元)

(四)不计算在产品成本

在各月月末在产品数量很小的情况下，在产品成本对完工产品成本影响不大，为了简化核算工作，可以不计算在产品成本，即当月发生的生产费用全部由当月该种完工产品负担。

(五)按年初在产品成本计算

在各月在产品数量不大，或月末在产品数量虽大，但各月月末在产品数量比较稳定的情况下，月初、月末在产品成本的差额对完工产品成本的影响不大，为了简化核算工作，各月月末在产品成本均按年初在产品成本计算。年终再根据实际盘点的在产品数量，重新计算出的在产品成本尽量符合实际。

(六)按所消耗直接材料费用计算在产品成本

在各月在产品数量大，数量不稳定，直接材料费用占成本的比重较大的情况下，为了简化核算工作，月末在产品只按所耗直接材料费用计价，其他费用全部由当期完工产品负担，即某产品消耗的直接材料费用在完工产品和月末在产品之间进行分配，以确定月末在产品成本。该产品的全部生产费用减去按直接材料费用计算的在产品成本的余额，即为该完工产品成本。

通过以上各种方法分配生产费用，便可以计算出完工产品成本和月末在产品成本。完工产品成本计算出来后，应从“生产成本”账户的贷方转入“库存商品”账户的借方。此时，“生产成本”账户的借方余额即为基本生产车间在产品成本，也就是在基本生产过程中占用的生产资金。

【视野纵横】

成本会计的工作种类

成本会计可按不同的标志进行分类。

按成本会计制度分类，可分为实际成本制度、标准成本制度和估计成本制度。

1.实际成本制度

实际成本制度,是根据实际发生的各项支出计算成本的一种成本会计制度。

2.标准成本制度

标准成本制度,是以预先制定的产品标准成本为基础,用实际产量的标准成本同实际成本相比较并记录和分析成本差异的一种成本制度。

3.估计成本制度

估计成本制度,是在产品生产前预先估算单位产品成本,凭以确定售价,然后通过复式记账将算出的实际产量的估计成本与账上实际成本比较,据以修改估计成本的一种历史上曾采用过的不完整的成本会计制度。

按成本计算模式分类,可分为完全成本计算模式和变动成本计算模式。

1.完全成本计算模式

完全成本计算模式,又称“吸收成本”计算模式,它是按照传统的成本观念,将包含变动成本和固定成本在内的所有制造成本都吸收到产品成本中去,用来进行存货的估价和确定已售产品成本的一种计算模式。

2.变动成本计其模式

变动成本计算模式,指产品成本中只包括变动制造成本而不包括固定制造成本的一种成本计算模式。

成本会计的任务:

(一)负责公司的成本核算

1.整理各项费用并进行归集和分配;

2.做记账凭证并登账;

3.月末对费用进行核算;

4.统计各项费用的指标考核结果并上报经理。

(二)进行公司的成本分析

1.根据成本构成和历史发生情况以及计划指标进行比较;

2.做出成本分析报告。

(三)负责公司的固定资产账务

1.负责每月提取折旧;

2.负责固定资产报废清理的账务登记;

3.新购入固定资产的入账;

4.年终汇总。

(四)负责总账的一部分

1.汇总总账,进行试算平衡;

2.与明细账进行核对。

(五)负责应付账数往来核算

1.接收原材料入库单、销售发票,核算、审核付款清单和各种应付账款,审核各项记录;

2.审核各业务部门转交的发票及单据;

3.登账,记账。

(六)负责国内销售应收账款往来业务核算

1.核算国内销售客户应收账款和记录;

2.凭发票登记,记账;

3.定期与销售人员核对销售明细及监督汇款。

(七)负责有关报表的报送工作

1.每十天报送给总经理银行存款余额明细;

2.月底向部门经理报送本月销售明细、应收账款明细和费用分类、罚息明细;

3.月底报外销部外销回款统计。

(八)现金与支票管理

1.保管单据(支票、支票报销单、支票申请单、收据等)、财务专用章及现金;

2.填写现金支票、转账支票及汇款凭证;

3.办理汇款及取现和支票转账手续;

4.办理国际收支申报手续;

5.每日对库存现金进行盘点与结算;

6.开立还款收据、交款收据及客户回款收据;

7.初步审核现金报销单据的合法性和真实性,办理现金报销手续。

(九)财务档案的整理、装订

(十)完成上级委派的其他任务

本章小结

- 生产费用在完工产品和在产品之间的归集和分配
  - 生产费用在完工产品和在产品之间的分配概述
    - 完工产品数量的核算
    - 在产品数量的核算
  - 完工产品和在产品之间分配费用的方法
    - 约当产量比例法
    - 定额成本法
    - 定额比例法
    - 不计算在产品成本法
    - 按年初数固定计算在产品成本法
    - 在产品按所耗原材料费用计价法

第六章　成本计算方法的分类

学习目标

通过本章的学习，了解生产特点与管理要求对成本计算方法的影响，掌握品种法、分步法和分批法的概念，并明确区分产品成本计算基本方法的标志及各种方法的适用范围，了解产品成本计算辅助方法——分类法和定额法的作用。

本章导读

为了正确计算产品成本，充分发挥成本核算的作用，企业应根据产品的生产特点和管理要求来确定成本核算方法。工业企业的生产类型，根据不同的标准有不同的分类。企业的生产类型不同，成本计算对象不一样，所采用的成本计算方法也不同。

第一节　企业生产类型及管理要求对成本计算方法的影响

前面介绍了生产费用核算的基本原理和基本方法，这些原理和方法对生产企业来说，一般都是适用的。但是，由于各类企业生产的产品不一样，生产的组织不同，各企业必须选择适合于本企业、切实可行的成本计算方法。《企业会计准则》规定：企业一般应按月进行成本计算。企业可以根据生产经营特点、生产组织类型和成本管理要求自行确定成本计算方法，但一经确定，不得随意变更。因此，就某一企业来说，究竟应该采用什么成本计算方法，主要视企业自身的生产特点和成本管理要求来确定，同时也受成本计算方法本身的特征和标志所制约。

一、企业生产类型

生产类型是企业或车间按产品的工艺过程特点和生产组织特点所进行的分类。生产类型体现了不同企业的生产特点，生产类型不同，其成本计算的过程也不同。

（一）按照企业的生产工艺过程特点，可分为单步骤生产和多步骤生产

产品的生产工艺过程，是指从原材料投入到成品的产出，顺序所经过的各个生产阶段和环节的一系列计算过程。工业企业的生产，按照生产工艺过程特点，可分为单步骤生产和多步骤生产两种类型。

单步骤生产，是指生产工艺不能间断或者由于工作点的限制不便于分散在几个不同地点进行生产的作业组织。其特点是，生产周期较短，没有自制半成品，一般由一个企业整体进行，而不能由几个企业协作进行。如电力、自来水和面粉的生产，其工艺过程不可能或者不需要划分为几个生产步骤。

多步骤生产，又称复杂生产，是指工艺过程由若干个可以间断的、分散在不同地点进行的生产步骤组成的作业组织。其特点是，生产可以在不同的时间、地点进行；可以由一个企业单独进行，也可以由几个企业协作进行。多步骤生产按其产品加工的方式不同和各个生产步骤的内在联系，可以分为连续式生产和装配式生产两种类型。

连续式多步骤生产是指原材料投入生产后，要依次经过各生产步骤的连续加工才能形成产成品的生产。例如冶金、纺织、造纸等生产。这类生产的各个生产步骤（或车间）具有先后顺序的依存关系，即上一步骤完工的半成品要转入下一步骤作为加工对象继续加工，这样依次转移，直到最后步骤才生产出产成品。

装配式多步骤生产是指先将各种原材料平行地投入各个生产车间，制成零件或部件，然后再将各种零件和部件装配为产品的生产。例如自行车、钟表、船舶等生产。这类生产的各个生产步骤具有相对的独立性。

（二）按照生产组织的特点，可分为大量生产、成批生产和单件生产

生产组织，是指企业保证生产过程各个环节、各项因素相互协调的产品生产方式，它体现着企业生产专业化和生产过程重复程度的高低。按照生产组织的特点，工业企业的生产可以划分为大量生产、成批生产和单件生产三种类型。

大量生产，是指不断地重复生产品种相同的产品，生产产品的品种一般较少，而且比较稳定。如采煤、冶金、纺织、化肥、酿酒企业的生产，要求连续不断地重复生产一种或若干种产品。

成批生产，是指按照事先规定的产品批别和数量成批重复进行的生产。在这种生产企业或车间中，产品的品种较多，而且具有一定的重复性。例如药品、服装、机床企业的生产都是成批生产。成批生产按产品批量的大小又可分为大批生产和小批生产。大批生产，由于产品批量大，通常在几个月内不断重复生产一种或几种产品，与大量生产类似；小批生产，由于产品批量小，一批产品一般可以同时完工，因此接近于单件生产。

单件生产，是根据购买单位订单所要求的特定规格和数量的产品而组织进行的生产。由于不同客户对产品有不同的规格要求，所有产品的品种多，而且生产完成后，该规格产品一般就不再重复生产。例如造船、重型机械、新产品试制及专用设备生产等均属这种生产组织类型。这类生产的主要特点是产品品种多，产量少，一般不重复，专业化程度高，通常采用设

备进行加工。

综上所述,将生产工艺特点与生产组织特点相结合,可以形成四种基本的生产类型。其中,单步骤生产和连续式多步骤生产,一般都是大量大批生产,可称为大量大批单步骤生产和大量大批连续式多步骤生产;装配式生产,可以是大量生产、成批生产或单件生产,可称为大量大批装配式多步骤生产和单件小批装配式多步骤生产。

二、企业生产类型和成本管理要求对成本计算方法的影响

产品成本计算方法,是指把生产费用在企业生产的各种产品之间、产成品和在产品之间进行分配的方法。产品成本计算方法的组成要素包括成本计算对象、成本计算期和生产费用在完工产品与在产品之间的分配。生产类型和管理要求对产品成本计算方法的各个组成要素均有影响。

计算产品成本,首先必须确定成本计算对象。成本计算对象是为计算产品成本而确定的归集生产费用的各个对象,即费用的承担者。成本计算对象主要是根据企业(或车间)产品生产的特点和成本管理的要求来确定的,一般包括产品品种、产品订单或批别、各个加工步骤的产品以及产品的类别等。

成本计算期是指在计算产品成本时,对生产费用计入产品成本所规定的起讫日期,即每次计算产品成本的期间。

生产费用在完工产品与在产品之间的分配,是指将构成产品成本的生产费用在当期完工产品与在产品之间进行分配,即确定完工产品成本和在产品成本。分配的基本方法已在第五章中阐述。

生产类型和管理要求对产品成本计算方法的影响具体表现在三个方面,即如何确定成本计算对象,如何确定成本计算期,是否需要将生产费用在完工产品与产品之间分配。

(一)对成本计算对象的影响

1.不同的生产工艺技术过程,决定不同的成本计算对象。

(1)在单步骤生产企业,由于工艺过程不能间断,具有高度的连续性和重复性,所以其成本计算对象只能是最后生产出的产品,即以产品品种作为成本计算对象。

(2)在连续式多步骤生产企业,由于产品生产过程可以间断,可以分散在不同地点进行,客观上具备了按各生产步骤计算半成品和最终生产的各种产成品;在装配式多步骤生产企业,在工艺技术过程上都是先平行加工零部件,然后再组装为最终产品,由于零部件各步骤(半成品)没有独立的经济意义,因此不需要按步骤计算半成品成本,而以最终的各种产品作为成本计算对象。但对于可为各种产品所共同使用的自制的"通用件"和"标准件",往往也作为成本计算对象单独计算其成本。

2.不同的生产组织特点,对成本计算对象的影响不同

(1)在大量生产情况下,一种或多种产品连续不断地重复生产,由于同样的原材料投入,不断产出相同的产品,只能将产品品种作为成本计算对象。

(2)大批生产,往往集中投料,生产一批零部件供几批产品消耗,在这种情况下,零部件生产的批别和数量与产品生产的批别和所需零部件的数量往往不一致,就不能按产品批别

计算成本,只能将产品品种作为成本计算对象。

(3)单件、小批生产企业,由于产品生产是按订单或批别组织的,这就要求计算每张订单或每批产品的成本,所以将产品批别作为成本计算对象。

3.管理要求对成本计算对象的影响

产品生产特点客观上决定着成本计算对象，但成本计算对象的确定还要考虑管理的要求,为管理提供所需要的成本资料。如在多步骤生产企业,管理上要求分步骤计算成本的,以各步骤的半成品和最终产品作为成本计算对象,如果管理上不要求分步骤计算成本,则以产品品种作为成本计算对象。

(二)对成本计算期的影响

成本计算期的确定主要取决于生产组织的特点。在大量大批生产企业,由于生产连续不断地进行,不断地生产出产品,不可能在产品生产完工时立即计算成本,而是定期于月末计算本月所生产的产品成本。成本计算期与会计报告期一致,而与生产周期不一致。

在单件、小批生产企业,一般要等到一张订单所列产品或一批产品全部完工之后才能计算其成本。因此,通常以产品的生产周期作为成本计算期限。各张订单或各批产品的生产周期各不相同，因而单件、小批生产企业的产品成本计算具有不定期性，与会计报告期不一致。

这里需要说明的是,产品成本计算与成本计算的日常工作不能混淆。无论成本计算期是否固定,日常成本计算工作都应经常地、及时地进行,并按月定期结账,以便及时反映成本、费用的发生情况,并对其进行定期分析和考核。

(三)对生产费用在完工产品和在产品之间分配的影响

不同的生产类型还影响各月末要不要计算在产品成本，即是否需要将基本生产成本账中归集的生产费用在完工产品与在产品之间进行分配。

在大量大批单步骤生产企业,由于产品生产不分步骤,而且生产周期短,一般没有在产品或在产品数量很小，因此基本生产成本明细账中归集的生产费用一般不需要在完工产品与在产品之间进行分配,即全部计入完工产品成本。

在大量大批多步骤生产企业,生产工艺可以分步骤间断进行,月末时,一般既有完工产品又有在产品。因此,计算成本时,需要将生产费用在完工产品与在产品之间采用适当的方法进行分配。

在单件、小批生产企业,由于以生产周期作为成本计算期,因此,在每件或每批产品完工前,汇集在基本生产成本明细账中的费用就是在产品成本,完工后则构成完工产品成本。所以计算成本时,一般不存在生产费用在完工产品与在产品之间分配的问题。

生产类型和管理要求对成本计算方法的各因素的影响，主要表现在对成本计算对象确定上,它制约和影响成本计算期和在产品成本的计算。成本计算对象是成本计算方法的核心要素,是构成成本计算方法的主要标志。以产品品种为成本计算对象的成本计算方法称为品种法;以产品批别为成本计算对象的成本计算方法称为分批法;以产品生产步骤为成本计算对象的成本计算方法,称为分步法。

此外,还有与品种法相联系,从品种法中延伸出来、用于简化产品成本计算的“分类法”;用于成本计算和控制,通过定额成本揭示差异的方法以求实际成本的“定额法”等。以上所述的各种成本计算方法,将在以后各章节中阐述。

综上所述,以成本计算对象为主要标志的成本计算方法及其与生产类型和管理要求的关系,可用表6–1表示。

表 6–1 成本计算方法与生产类型和管理要求的关系

成本计算对象	产品成本计算方法	生产类型		成本管理要求
		生产组织特点	生产工艺技术特点	
产品品种	品种法	大量大批生产	单步骤生产	
			多步骤生产	管理上不要求分步计算成本
产品批别	分批法	单件小批生产	单步骤生产	
			多步骤生产	管理上不要求分步计算成本
生产步骤	分步法	大量大批生产	多步骤生产	成本管理上要求分步计算各步骤半成品成本

第三节 产品成本计算方法

一、常用的产品成本计算方法

上述各种类型生产的不同特点和管理要求对成本计算有很大的影响,而且成本计算方法是由成本计算对象所决定的。产品成本计算方法很多,其基本方法有品种法、分步法、分批法三种。但在实际工作中,为了加强成本管理,简化核算工作,有时还采用一些其他方法。另外,随着成本理论研究的深入发展,西方发达国家的学者还提出了诸如标准成本计算法、变动成本计算法、作业成本计算法等成本计算的新方法,并已被采用或正在广泛地受到重视和应用。

(一)基本计算方法

成本计算的基本方法是直接与不同的生产类型的特点相联系,并以成本对象为标志或命名的方法,是计算产品生产成本所必不可少的方法。它们是:

1.以产品品种为成本计算对象的成本计算方法,称为品种法。

2.以产品批别为成本计算对象的成本计算方法,称为分批法。

3.以产品生产步骤为成本计算对象的成本计算法,称为分步法。

(二)其他计算方法

成本计算的其他方法主要有两种,即分类法和定额法。这两种方法通常与生产类型的特点没有直接联系,也不涉及成本计算对象。它们的应用或者是为了简化核算工作,或者是为了加强成本管理工作,只要具备条件,在哪种生产类型的企业都可使用。但使用这些方法时,一般应与成本计算的基本方法相结合,而不能单独使用。

分类法是以产品类别为成本核算对象,将生产费用按产品的类别进行归集,计算各类产品成本,然后再按照一定的分配标准在各类各种产品之间进行分配,以计算各种产品成本的方法。

定额法是在实际费用发生时,将其划分为定额成本和定额差异两部分来归集,并分析产生差异的原因,以产品定额为基础,加上(或减去)脱离定额差异和定额变动差异,来计算产品成本的一种辅助方法。定额法能够及时反映和监督产品成本脱离定额成本的差异,配合和加强定额管理,提供有关成本形成动态的各种信息,有助于促使企业控制和节约费用。这种方法一般适用于企业定额管理制度比较健全,而且产品生产定额、消耗定额比较准确、稳定的企业。

其他计算方法有时也称为成本计算的辅助方法,这样讲,并不是说这些方法不重要,而只是说一般不能单独使用。在一定的条件和情况下,有的辅助方法,如定额法,对控制生产费用支出、降低产品成本的作用,比基本方法更为突出、更有意义。因此,该方法被许多企业广泛地采用。

至于标准成本计算法、变动成本计算法和作业成本计算法等成本计算的方法,目前我国企业中采用得不多,其内容一般属于管理会计的范围,故本书不单独介绍。

综上所述, 成本计算方法是多种多样的, 并与企业的生产特点和成本管理要求密切联系。在实际工作中,企业可根据自己的生产特点和管理要求选择那些适宜的产品成本计算方法。但必须指出,不论什么生产类型的企业,也不论采用何种成本计算方法,最终都必须按照产品的品种计算其实际生产成本。因此,基本计算方法的品种法又是成本计算方法中的最基本的方法。

二、产品成本计算方法的实际应用

在实际工作中,应根据企业的生产类型的特点和管理要求,并考虑到企业的生产规模和管理水平等具体条件,从实际出发,灵活应用上述各种成本计算方法。

(一)几种产品成本计算方法的同时应用

现代企业的生产往往是生产、研制、开发同步进行,因而既存在大量大批生产,又有单件小批生产。如医药产品生产企业,对大量大批生产的定型产品,采用品种法或分步法进行成本核算;对非定型产品,采用分批法进行成本核算。

(二)几种产品成本计算方法的结合应用

有些企业除同时应用几种成本核算方法外,还有以一种成本核算方法为主,结合其他成本核算方法的某些特点加以综合应用的情况。如电子产品生产企业,其主要产品是由各个相互关联的生产阶段组成,其最终产品应采用分批法进行成本核算。但从各个生产阶段看则有所不同,有些阶段上的产成品可以直接对外销售,可采用品种法进行成本核算;有些半成品加工阶段属多步骤生产,可采用分步法进行成本核算。这类企业成本核算以分批法为主,结合品种法、分批法的某些特点加以综合应用。

综上所述,企业实际情况比较复杂,因而所采用的成本计算方法也是多种多样的。为了便于企业进行各期成本资料的分析、考核和比对,防止企业利用成本计算方法的改变,人为调节各期成本与利润,企业的成本计算方法一经确定,不得任意变更。

本章小结

- 产品成本计算方法分类
  - 生产特点和管理要求对成本计算方法的影响
    - 工业企业的生产类型
    - 生产特点和管理要求对成本计算方法的影响
  - 产品成本计算方法
    - 产品成本计算的基本方法
    - 产品成本计算的辅助方法
    - 各种成本计算方法的实际应用

第七章 品种法

学习目标

理解品种法的特点、适用范围和具体的计算程序,熟练掌握品种法的各种费用分配和归集的方法以及相应的账务管理。

本章导读

品种法是以产品品种为成本计算对象,归集生产费用,计算产品成本的一种方法。按照产品的品种计算成本,是成本管理对产品成本计算方法的最一般要求,它的计算程序体现着产品成本计算的一般程序。

第一节 品种法概述

一、品种法的含义

品种法是以产品品种为产品计算对象,归集生产费用,计算产品成本的一种方法。品种法是产品成本计算方法中最基本的方法。

二、品种法的适用范围

(一)单步骤大批量生产的产品

比如:发电、采掘、供水、供电、供气、磨粉、铸造等产品生产。

(二)不要求分步骤提供产品成本信息的多步骤大批量生产的产品

比如:管理上只要求提供最终产品成本的糖果厂、小水泥厂、小陶瓷厂、小砖瓦厂的生产。

三、品种法的特点

(一)以产品成本为计算对象

品种法以产品品种作为成本计算对象，并据以设置产品成本明细账，按成本项目设专栏,归集生产费用和计算产品成本。如果企业生产的产品为两种或两种以上,就需要以每一种产品作为成本计算对象,分别设置产品成本明细账,并区分直接费用和间接费用,采用适当的方法计入有关成本明细账。

(二)成本计算按月定期进行

由于大量大批的生产是不间断的连续生产,无法按照产品的生产周期来归集生产费用、计算产品成本,因而只能定期按月计算产品成本,从而将本月的销售收入与产品生产成本配比,计算本月损益。因此,产品成本是定期按月计算的,与报告期一致,与产品生产周期不一致。

(三)月末生产费用一般需要在完工产品和在产品之间进行分配

如果是大量大批的简单生产采用品种法计算产品成本，由于简单生产是一个生产步骤就完成了整个生产过程,所以月末(或者任何时点)一般没有在产品,因此,计算产品成本时不需要将生产费用在完工产品和在产品之间进行分配。如果是管理上不要求分步骤计算产品成本的大量大批的复杂生产采用品种法计算产品成本，由于复杂生产是需要经过多个生产步骤的生产,所以月末(或者任何时点)一般生产线上都会有在产品,因此,计算产品成本时就需要将生产费用在完工产品和在产品之间进行分配。

四、品种法成本计算程序

(一)开设成本明细账

按产品品种设置产品成本明细账或成本计算单、辅助生产成本明细账、制造费用明细账,并按成本项目或费用项目设置专栏。

(二)归集和分配各种要素费用

根据生产费用发生的原始凭证和其他有关资料,编制要素费用分配表,分配各种要素费用。根据各种要素费用分配表登记基本生产成本明细账或产品成本计算单、辅助生产成本明细账、制造费用明细账以及管理费用明细账等。

(三)归集和分配辅助生产费用

根据“辅助生产成本明细账”上归集的生产费用,编制辅助生产费用分配表,采用适当的分配方法,分配辅助生产费用,据以登记有关明细账。

(四)归集和分配基本生产车间制造费用

根据基本生产车间“制造费用明细账”上归集的生产费用,编制制造费用分配表,采用适当的分配方法,分配制造费用,据以登记“基本生产成本明细账”和“成本计算单”。

（五）计算各种产品的完工产品成本和在产品成本

根据“基本生产成本明细账”和“成本计算单”上归集的生产费用，月末采用适当的计算方法，计算各种产品的完工产品成本和在产品成本。如果月末没有在产品，则本月生产费用总额就全部是完工产品成本。

（六）结转产成品生产成本

根据“基本生产成本明细账”和“成本计算单”计算的各种产品完工产品成本，编制“完工产品成本汇总表”，计算完工产品和在产品的总成本和单位成本，据以结转产成品生产成本。

上述程序可以用下图表示：

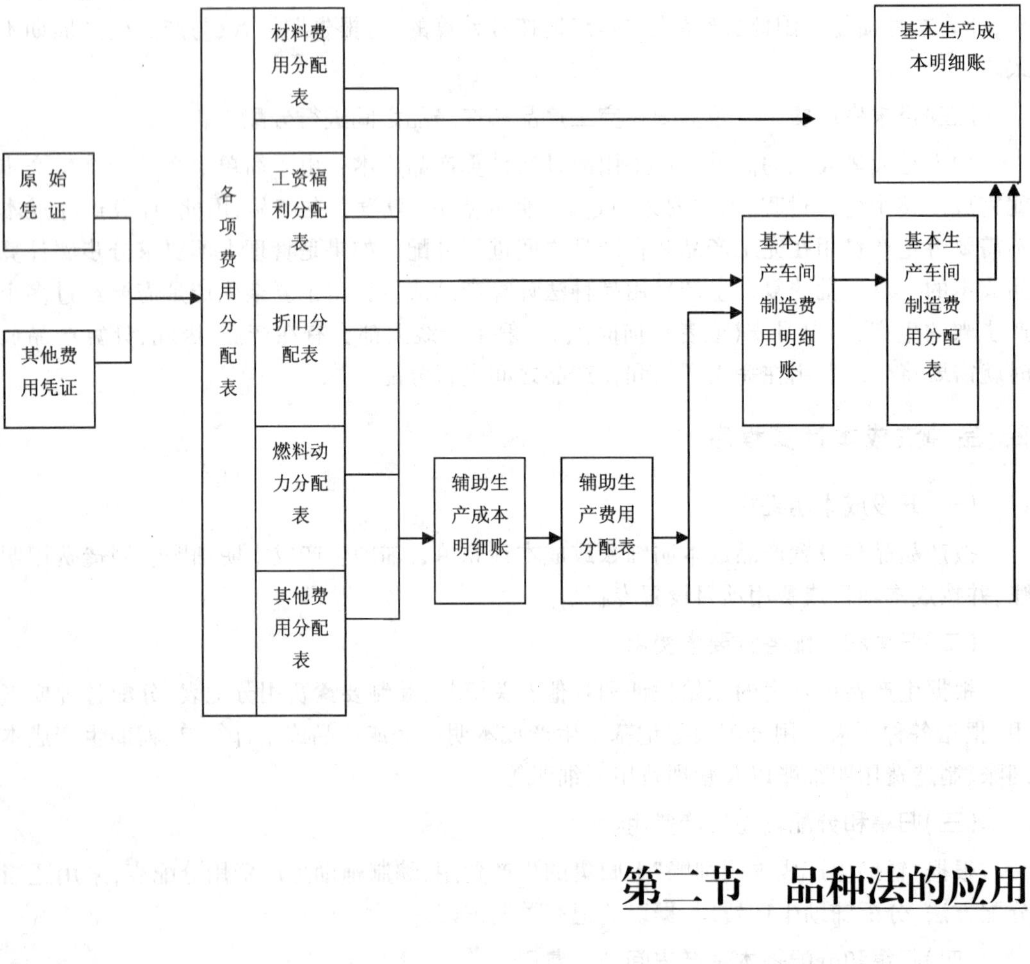

第二节　品种法的应用

一、企业基本情况及有关资料

某企业为单步骤简单生产企业，设有一个基本生产车间，生产甲、乙两种产品；另设有机修、供水两个辅助生产车间，辅助生产费用采用交互分配法核算。月末在产品完工程度为

50%,原材料均为生产开始时一次投入。该企业2011年9月成本有关资料如下：

1.产量资料

表 7-1　产量资料

2011年9月　　单位:件

产品名称	月初在产品	本月投入	本月完工	月末在产品
甲产品	50	700	450	300
乙产品	80	580	660	

2.月初在产品成本

表 7-2　月初在产品成本

2011年9月　　单位:元

产品名称	直接材料	直接人工	制造费用
甲产品	10 000	5280	5955.55
乙产品	9000	7000	3034

3.本月发生的生产费用

表 7-3　本月材料费用表

2011年9月　　单位:元

领料用途	直接领 A 材料	共同消耗 B 材料	合计	B 材料定额消耗量(千克)
甲产品	40 000			1000
乙产品	50 000			1500
合计	90 000	25 000	115 000	
基本车间一般消耗	5000		5000	
机修车间	15 000		15 000	
供水车间	5000		5000	
合计	115 000	25 000	140 000	

表 7-4 职工薪酬费用表

2011年9月　　单位:元

人员类别	工资	福利费
生产工人	18 000	2520
机修车间	10 000	1400
供水车间	8000	1120
基本车间一般消耗	6000	840
合计	42 000	5880

表 7-5 折旧费用表

2011年9月　　单位:元

车间名称	金额
基本生产车间	10 000
机修车间	4000
供水车间	6000
合计	20 000

表 7-6 其他费用表

2011年9月　　单位:元

车间名称	各项费用					
	低值易耗品摊销	办公费	电费	保险费	其他	合计
基本生产车间	1600	500	2600	2000	400	7100
机修车间	500	400	1600	500	500	3500
供水车间	800	200	1800	1400	600	4800
合计	2900	1100	6000	3900	1500	15400

4.工时

甲产品消耗4000小时,乙产品消耗5000小时。

5.辅助生产产品及劳务供应量

表 7-7 辅助生产产品及劳务供应量

受益单位	机修车间(小时)	供水车间(吨)
供水车间	100	
机修车间		2000
基本生产车间	3100	28 000
合计	3200	30 000

6.说明

(1)共同消耗材料费用按定额消耗比例分配;

(2)生产工人工资按产品生产工时比例分配;

(3)制造费用按生产工时比例分配。

二、成本计算程序和方法

根据上述资料,按照品种法计算程序计算产品成本如下(各步骤有关分录省略)。

1.材料费用分配

表 7-8 材料费用分配表

2011年9月　　单位:元

应借账户			A 材料	B 材料			合计
总账账户	明细账户	成本或费用项目		定额用量	分配率	分配额	
基本生产成本	甲产品	直接材料	40 000	1000		10 000	50 000
	乙产品	直接材料	50 000	1500		15 000	65 000
	小计		90 000	2500	10	25 000	115 000
辅助生产成本	机修车间	机物料消耗	15 000				15 000
	供水车间	机物料消耗	5000				5000
	小计		20 000				20 000
制造费用	基本生产车间	机物料消耗	5000				5000
合计			115 000			25 000	140 000

2.职工薪酬分配

表 7–9 职工薪酬分配表

2011年9月　　　　单位:元

应借账户			分配标准 生产工时	分配率	应分配 职工工资	应分配 福利费	合计
总账账户	明细账户	成本或费用项目					
基本生产成本	甲产品	直接人工	4000		8000	1120	9120
	乙产品	直接人工	5000		10 000	1400	11 400
	小计		9000	2	18 000	2520	20 520
辅助生产成本	机修车间	职工薪酬			10 000	1400	11 400
	供水车间	职工薪酬			8000	1120	9120
	小计				18 000	2520	20 520
制造费用	基本生产车间	职工薪酬			6000	840	6840
合计					42 000	5880	47 880

3. 折旧及其他费用分配

表 7–10 折旧及其他费用分配表

2011年9月　　　　单位:元

应借账户		金额						
总账账户	二级账户	折旧费	低值易耗品摊销	办公费	电费	保险费	其他	合计
制造费用	基本生产车间	10 000	1600	500	2600	2000	400	17 100
辅助生产成本	机修车间	4000	500	400	1600	500	500	7500
	供水车间	6000	800	200	1800	1400	600	10 800
	小计	10 000	1300	600	3400	1900	1100	18 300
合计		20 000	2900	1100	6000	3900	1500	35 400

4.辅助生产费用分配

(1)根据以上有关要素费用分配表,归集辅助生产车间消耗的费用,如表7–11、表7–12。

表 7–11 辅助生产成本明细账

车间名称:机修车间　　2011年9月　　单位:元

2011年		摘要	机物料消耗	职工薪酬	折旧费	其他费用	合计
月	日						
9	30	材料费用分配表	15 000				15 000
	30	职工薪酬费配表		11 400			11 400
	30	折旧及其他费用分配表			4000	3500	7500
	30	辅助生产费用分配表				800	800
		合计	15 000	11 400	4000	4300	34 700
		转出	15 000	11 400	4000	4300	34 700

表 7–12 辅助生产成本明细账

车间名称:供水车间　　2011年9月　　单位:元

2011年		摘要	机物料消耗	职工薪酬	折旧费	其他费用	合计
月	日						
9	30	材料费用分配表	5000				5000
	30	职工薪酬费配表		9120			9120
	30	折旧及其他费用分配表			6000	4800	10 800
	30	辅助生产费用分配表				1000	1000
		合计	5000	9120	6000	5800	25 920
		转出	5000	9120	6000	5800	25 920

(2)根据归集的辅助生产费用,采用交互分配法分配给受益对象,如表7–13:

表 7-13 辅助生产费用分配表

单位：元

项目				交互分配			对外分配		
辅助生产车间名称				供水	机修	合计	供水	机修	合计
待分配费用				24 920	33 900	58 820	24 318.05	34 501.95	58 820
劳务供应数量总额				30 000	3200		28 000	3100	
费用分配率				0.830 7	10.5938		0.8685	11.1297	
应借账户	辅助生产成本	供水车间	数量		100				
			金额		1059.38	1059.38			
		机修车间	数量	2000					
			金额	1661.33		1661.33			
		金额小计		1661.33	1059.38	2720.71			
	制造费用	基本生产车间	数量				28 000	3100	
			金额				24 318.05	34 501.95	58 820
	对外分配金额合计						24 318.05	34 501.95	58 820

5. 制造费用分配

表 7-14 制造费用明细账

车间名称：基本生产车间　　2011年9月　　单位：元

2011年		摘要	机物料消耗	工资及福利	折旧费	低值易耗品摊销	办公费	保险费	电费	其他	修理费	水费	合计
月	日												
9	30	材料费用分配表	5000										5000
	30	职工薪酬分配表		6840									6840
	30	折旧及其他分配表			10 000	1600	500	2000	2600	400			17 100
	30	辅助生产费用分配表									34 501.95	24 318.05	58 820
		合计	5000	6840	10 000	1600	500	2000	2600	400	34 501.95	24 318.05	87 760
		转出	5000	6840	10 000	1600	500	2000	2600	400	34 501.95	24 318.05	87 760

表 7-15 制造费用分配表

2011年9月　　　　单位:元

分配对象	分配标准	分配率	应分配金额
甲产品	4000 小时		39 004.45
乙产品	5000 小时		48 755.55
合计	9000 小时	9.7511	87 760

制造费用分配率$=\frac{87\ 760}{9000}=9.7511$

6.将生产费用在完工产品与在产品之间分配

表 7-16 基本生产成本明细账

产品名称:甲产品　　完工数量:450　　月末在产品数量:300

2011年9月　　单位:元

2011年		摘要	成本项目			合计
月	日		直接材料	直接人工	制造费用	
9	1	月初在产品成本	10 000	5280	5995.55	21275.55
9	30	材料费用表	50 000			50000
	30	职工薪酬表		9120		9120
	30	制造费用表			39 004.45	39 004.45
		生产费用合计	60 000	14 400	45 000	119 400
		分配率	80	24	75	179
		结转完工产品成本	3600	10 800	33 750	80 550
		月末在产品成本	56 400	3600	11 250	38 850

直接材料分配率=60 000÷(450+300)=80(元/件)

直接人工分配率=14 400÷(450+300×50%)=24(元/件)

制造费用分配率=45 000÷(450+300×50%)=75(元/件)

表 7-17　基本生产明细账

产品名称:乙产品　　完工数量:660　　月末在产品数量:0

2011年9月　　单位:元

2011年		摘要	成本项目			合计
月	日		直接材料	直接人工	制造费用	
9	1	月初在产品成本	9000	7000	3034	19034
9	30	材料费用表	65 000			65 000
	30	职工薪酬表		11 400		11400
	30	制造费用表			48 755.55	48 755.55
		生产费用合计	74 000	18 400	51 789.55	144 189.55
		结转完工产品成本	74 000	18 400	51 789.55	144 189.55

表 7-18　完工产品成本汇总计算单

2011年9月　　单位:元

成本项目	甲产品(450 件)		乙产品(660 件)	
	总成本	单位成本	总成本	单位成本
直接材料	60 000	80	74 000	112.12
直接人工	14 400	24	18 400	27.88
制造费用	45 000	75	51 789.55	78.47
合计	119 400	179	144 189.55	218.47

【视野纵横】

成本会计人员的职业素养

成本会计工作是以成本会计人员为主体的经济管理工作,成本会计人员既是单位经济活动的主要管理者,也是单位领导的得力助手和参谋。成本会计工作人员应该做好成本会计管理工作,正确地执行和贯彻国家制定的相关财经政策,为决策者提供正确、合理、真实的成本会计信息,从而发挥出成本会计人员的参谋作用,这与成本会计人员的职业素养有着密不可分的关系。

随着市场经济的发展,国际和国内市场上的竞争日益激烈。成本会计人员处于单位财务管理部门的关键地位。为单位提供准确、真实的财务信息,帮助单位领导做出正确、合理的发展规划，是对每一个成本会计人员的基本要求。受经济发展的影响，成本会计工作也在不断地进行改革，成本会计工作的技术性也日益复杂，这就要求我们提高成本会计人员的职业素养，做真正优秀的成本会计人员，从而适应社会的发展和需要。

一、成本会计人员应不断地丰富专业知识，适应社会发展的需要

成本会计人员是单位和企业的经济管理者，是企业进行融资与投资决策的制定者。成本会计作为专业的经济管理者，应具备丰富的专业知识。在新的经济形势下，随着经济全球化进程的加快和网络技术的不断发展，成本会计行业在不断地进行改革，成本会计工作的技术性也越来越复杂，原有的成本会计专业知识已不能满足企业的发展和社会的需要，这就要求成本会计人员在工作中不断地进行充电，在工作和学习中对新知识、新方法、新案例进行总结、吸收。在实际工作中，可以采用在岗人员业务进修、成本会计人员业务交流、成本会计知识竞赛等方式；在工作之余，成本会计人员还可以从网络和学校中汲取新的专业知识。只有不断地丰富自身的专业知识，才能适应社会的需要和企业的发展。

二、成本会计人员应不断地提高专业能力，满足经济管理的要求

经济全球化的加快，使世界各国之间的经济联系日益紧密，而由美国“次贷危机”引发的全球性金融危机，给世界经济带来了难以想象的冲击，我国作为经济大国和出口大国也受到了巨大的影响。在新形势下，企业应如何面对这样的金融冲击？如何进行对外投资？如何制定融资决策？这些无疑都是在考验经济管理者——成本会计的应变能力。

成本会计作为单位和企业的经济管理者，一定要具有扎实的专业能力，这是成本会计人员最主要的能力；具有敏锐的洞察力和正确的职业判断力，在应对各种突发状况时，可以用翔实的数据和案例，为企业的管理人员提供确实可行的方案。而要做到这些，成本会计人员就要不断地提高自身的专业能力，这就要求企业和单位要定期举行一些交流活动，如典型经济业务处理经验交流会等，将成本会计人员的自学和企业组织的强化学习结合在一起，使成本会计人员不断地充实和提高自身的专业能力，将知识和能力有机结合起来，从而在复杂的经济环境下，发挥成本会计人员的作用。

三、不断地加强成本会计人员的职业道德修养

成本会计人员是单位和企业的经济管理者，是单位和企业经济活动的记录者，同时也是经济活动信息的制造者，成本会计人员更有着为单位和企业提供真实、准确信息的使命和责任。但是，现实的经验告诉我们，现在有许多单位和企业的成本会计人员在制造和提供虚假的经济活动信息，这对单位和企业造成了非常大的人为损失，这是值得我们警惕的。

要想减少或制止这样的情况发生，我们就要不断加强成本会计人员的职业道德修养，认真贯彻和落实“爱岗敬业、诚实守信、不做假账”的职业原则。而要做到这些，绝非一朝一夕就能完成的，我们要在成本会计人员的工作和学习中一点一

滴地积累,从而使成本会计人员具有良好的职业素养。

在成本会计人员的工作中要潜移默化地使成本会计人员将成本会计的信誉放在成本会计工作的首要位置,这样才能做到在利益的诱惑面前不动心,在权势的威胁下不惧怕;而在成本会计人员的学习中,要注重对成本会计人员自身职业道德的培养,不要只注重对成本会计人员的专业知识和专业能力的培养,而忽视了职业道德这一基本的为人准则。只有不断地加强和提高成本会计人员的职业道德修养,才能为社会和企业培养真正优秀的成本会计人才。如果有才无德,那就注定要被社会和企业淘汰。

本章小结

- 品种法
  - 品种法的特点及适用范围
    - 品种法的特点
    - 品种法的适用范围
  - 品种法的核算程序
    - 品种法的账务处理程序
    - 品种法的计算

第八章　分批法

学习目标

了解成本计算分批法的特点、适用范围和具体计算程序，熟练掌握采用分批法时各种费用分配和归集的方法。

理解成本计算简化分批法的特点、适用范围和具体应用，熟练掌握采用简化分批法时各种费用分配和归集的方法。

本章导读

产品成本计算的分批法，是按照产品的批别或订单归集生产费用、计算产品成本的一种方法。它主要适用于单件、小批生产的企业，如机械制造、船舶制造业。在这些企业中，由于多是根据购货单位的订单组织生产的，因此，分批法也称订单法。分批法的核算程序有三个步骤。

第一节　分批法概述

一、分批法的含义

分批法是指以产品的批别或订单作为成本计算对象，归集生产费用，计算产品成本的一种方法。分批法也称订单法。

二、分批法的适用范围

分批法适用于单件、小批生产的企业或车间，通常有以下四种情形：

1.根据购买者订单生产的企业，如船舶、大型锅炉、精密仪器生产企业。

2.产品经常变动的小型企业，如小五金厂。

3.承揽修理业务的企业。

4.新产品的试制。

三、分批法的特点

(一)以产品批别或对象为成本计算对象

以产品批别为成本计算对象,按产品批别设置产品成本明细账,归集生产费用。根据购买者订单生产的企业,往往以一张订单规定的产品作为一批。但产品的批别与客户的订单有时候也不完全相同。如果一张订单中规定的产品品种较多,为了分别考核不同产品的生产成本,可以将一张订单分为几批组织生产;如果一张订单要求陆续交货,并且交货持续的时间较长,为了及时确定成本以便及时计算损益,也可以分成几批组织生产;如果同一时期内,在几张订单中规定有相同的产品,而且交货的时间相差不多,也可以将几张订单中相同的产品合并为一批组织生产。

(二)成本计算不定期

采用分批法时,生产费用应按月汇总,但由于各批产品的生产周期不一致,月末不见得完工,而每批产品的实际成本,要等到该批产品全部完工后才能计算确定,所以,分批法的成本计算是不定期的。

(三)一般不需要在月末分配在产品成本

按分批法计算产品成本,因为一般是在该批产品全部完工时才计算该批产品成本,所以月末如果某批产品全部完工,该批产品归集的全部生产费用就是该批产品的完工产品成本;若该批产品未完工,则全部为在产品成本。所以采用分批法计算产品成本,月末一般不需要在完工产品与在产品之间分配生产费用。

只有在一批产品跨月陆续完工陆续交货的情况下,才需要采取适当的方法在月末计算该批产品完工产品成本与在产品成本。

四、分批法的计算程序

(一)开设成本明细账

按产品批别设置产品基本生产成本明细账、辅助生产成本明细账,账内按成本项目设置专栏。按车间设置制造费用明细账。

(二)归集生产费用

根据各生产费用的原始凭证或原始凭证汇总表和其他有关资料,编制各种要素费用分配表,分配各要素费用并登账。

(三)计算完工产品成本

月末根据完工批别产品的完工通知单,将计入已完工的该批产品的成本明细账所归集的生产费用,按成本项目加以汇总,计算出该批完工产品的总成本和单位成本,并转账。如果出现批内产品跨月陆续完工并已销售或提货的情况,这时应采用适当的方法将生产费用在完工产品和月末在产品之间分配,计算出该批已完工产品的总成本和单位成本。

第二节　分批法的具体应用

一、同批产品同时完工的分批法应用

（一）企业基本情况及资料

1.某企业8月收到订单一张，订购甲产品500件，生产批号为9110，8月15日投产；9月接到订单订购乙产品400件，9月10日投产，生产批号为9120。9110号产品10月底全部完工，9120号乙产品尚未完工。

2.10月发生生产费用情况：生产9110号甲产品直接材料15 000元，9120号乙产品直接材料14 900元，直接人工6000元，制造费用45 000元。

10月实际消耗工时：4000小时，其中9110号甲产品1000小时，9120号乙产品3000小时。

3.甲乙产品8月和9月发生的各项生产费用，已经按该月的各项费用分配表计入相应的基本生产成本明细账有关成本项目专栏中。

（二）成本计算

表 8-1　直接人工费用分配表

201×年10月　　单位：元

产品批号及名称	实际消耗工时	分配率	应分配金额
9110 号甲产品	1000		1500
9120 号乙产品	3000		4500
合计	4000	1.5	6000

表 8-2　制造费用分配表

201×年10 月　　单位：元

产品批号及名称	实际消耗工时	分配率	应分配金额
9110 号甲产品	1000		11 250
9120 号乙产品	3000		33 750
合计	4000	11.25	45 000

根据以上分配结果，分别记入三批产品的基本生产成本明细账：

表 8-3 基本生产成本明细账

生产批号:9110 投产日期:8月15日

产品名称:甲产品 批量:500件 完工日期:10月31日

年		摘要	直接材料	直接人工	制造费用	合计
月	日					
8	31	8月分配转入费用	17 500	7500	32 000	57 000
9	30	9月分配转入费用	19 000	6500	27 000	52 500
		至9月止累计余额	36 500	14 000	59 000	109 500
10	31	10月发生费用	15 000	1500	11 250	2 7750
		至10月止累计余额	51 500	15 500	70 250	13 7250
		本月完工产品总成本	51 500	15 500	70 250	13 7250
		本月完工产品单位成本	103	31	140.5	274.5

表 8-4 基本生产成本明细账

生产批号:9120 投产日期:9月10日

产品名称:乙产品 批量:400件 完工日期:

年		摘要	直接材料	直接人工	制造费用	合计
月	日					
9	30	9月分配转入费用	16 200	8500	13 00	38 500
10	31	10月发生费用	14 000	4500	33 750	52 250
		至10月止累计余额	30 200	13 000	35 050	90 750

二、同批产品跨月陆续完工的分批法应用

(一)资料

1.某企业10月份接到一份订单,订购丙产品200件,生产批号9130号,10月15日投产,11月份完成一半,剩余12月份全部完工。企业每批产品按计划成本结转。

2.按批别开设基本生产明细账,已经将10月、11月发生的各项生产费用分配记入丙产品的基本生产明细账中。11月份完工的100件产品,计划单位成本分别是直接材料200元,直接人工125元,制造费用95元。

3.12月份发生的生产费用分别是直接材料19 800元,直接人工7300元,制造费用6500元。

（二）成本计算

表 8-5 基本生产成本明细账

生产批号:9130　　　　投产日期:10月15日
产品名称:丙产品　批量:200件　　　　完工日期:12月31日
单位:元

年		摘要	直接材料	直接人工	制造费用	合计
月	日					
10	31	10 月份分配费用转入	16 500	9500	12 000	38 000
11	30	11 月份分配费用转入	19 600	9800	6900	36 300
		至 11 月份止累计发生额	36 100	19 300	18 900	74 300
		按计划转出 100 件成本	20 000	12 500	9500	42 000
		至 11 月份止累计余额	16 100	6800	9400	32 300
12	31	12 月份分配费用转入	19 800	7300	6500	33 600
		至 12 月份累计余额	35 900	14 100	15 900	65 900
		12 月份转出 100 台成本	35 900	14 100	15 900	65 900
		本批完工产品总成本	55 900	26 600	25 400	107 900
		本批完工产品单位成本	279.5	133	127	539.5

第三节　简化分批法

一、简化分批法的含义

简化分批法也叫不分批计算在产品成本的分批法或累计间接费用分配法，是按产品批别设立明细账，但在产品完工之前，账内只需按月登记直接计入费用（如原材料）和加工工时，不必分配间接费用（如加工费用），计算该批在产品成本；只有在产品完工的那个月份，才分配间接费用，计算完工产品成本。

二、简化分批法的适用范围

简化分批法适用于的企业应有以下几个特点：

1.各月投产的批数很多；

2.月末未完工的批数也较多；

3.各月份间接费用水平相差不大。

三、简化分批法的特点

（一）必须设立基本生产成本二级账

除了设立基本生产明细账外，还必须设立基本生产二级账，按成本项目汇总登记各批别产品当月发生和累计发生的生产费用、生产工时。

（二）不分批计算在产品成本

在完工之前，各批产品每月发生的间接计入费用无须按月在各批产品之间分配登记，而是先累计登记，待产品完工时才进行间接计入费用的分配登记。因此，全部产品的在产品成本只是以总数反映在基本生产明细账中，并不分批计算在产品成本。此法又可以称为不分批计算在产品成本的分批法。

（三）通过计算累计间接费用分配率分配间接费用

简化分批法之所以能简化产品成本的核算工作，主要是因为它能通过累计间接费用分配率，将在各批产品之间分配间接计入费用的工作以及在完工产品和月末在产品之间分配费用的工作合并在一起进行。也就是说，生产费用的横向分配工作和纵向分配工作在产品完工时是依据同一费用分配率一次性完成的，从而大大简化了生产费用的分配和登记工作。月末未完工产品的批别越多，其核算工作就越简化。

四、简化分批法的计算程序

1.按产品批别设立“产品成本明细账”

2.设置基本生产成本的二级账

在基本生产成本二级账中登记全部各批产品发生的生产总工时、直接计入的费用、间接计入的费用等资料。

3.如果某批号有完工产品，应分成本项目计算间接费用的累计分配率

全部产品累计间接费用分配率=全部产品累计间接费用÷全部产品累计工时

4.分成本项目计算完工批别产品应分配的间接费用，并计入完工批别产品成本计算单中

某批完工产品应负担的间接费用=该批完工产品累计工时×累计间接费用分配率

五、简化分批法的应用

（一）资料

假定某化工企业小批生产多种产品，产品批数多，为了简化产品成本计算工作，采用简化分批法计算成本。该企业6月份各批产品生产情况是：

6110号：甲产品30件，4月投产，本月完工；

6120号：乙产品20件，5月投产，本月完工12件；

6130号：丙产品12件，5月投产，尚未完工；

6140号：丁产品10件，6月投产，尚未完工；

相关的期初余额、本月发生成本费用已经登录在各账本上。

(二)成本计算

1.计算间接费用分配率

全部产品累计间接人工费用分配率=$\frac{106\ 584}{88\ 820}$=1.2

全部产品累计间接制造费用分配率=$\frac{222\ 050}{88\ 820}$=2.5

2.登记账簿

表 8-6 基本生产成本明细账

年		摘要	直接材料（元）	生产工时（小时）	直接人工（元）	制造费用（元）	合计（元）
月	日						
6	1	期初余额	15 400	35 600	32 980	89 562	137 942
	30	本月发生	149 070	53 220	73 604	132 488	355 162
	30	累计	164 470	88 820	106 584	222 050	493 104
		全部产品累计间接费用分配率			1.2	2.5	
		本月完工产品转出	86 340	38 050	45 660	95 125	227 125
		余额	78 130	50 770	60 924	126 925	265 979

表 8-7 基本生产成本明细账

生产批号:6110　　　　投产日期:4月5日

产品名称:甲产品　批量:30件　　　　完工日期:6月30日

单位:元

年		摘要	直接材料（元）	生产工时（小时）	直接人工（元）	制造费用（元）	合计（元）
月	日						
4	30	本月发生	32 100	11 500			
5	31	本月发生	18 900	6300			
6	30	本月发生	12 300	5100			
		累计间接费用及分配率	63 300	22 900	1.2	2.5	
		完工转出产品成本	63 300	22 900	27 480	57 250	148 030
		完工产品单位成本	2110		916	1908.33	4934.33

表 8-8 基本生产成本明细账

生产批号:6120　　投产日期:5月5日

产品名称:乙产品　批量:20件　　完工日期:6月30日

年		摘要	直接材料（元）	生产工时（小时）	直接人工（元）	制造费用（元）	合计（元）
月	日						
5	31	本月发生	38 400	8750			
6	30	本月发生		16 500			
		累计间接费用及分配率	38 400	25 250	1.2	2.5	
		完工转出产品成本 12 件	23 040	15 150	18 180	37 875	79 095
		完工产品单位成本	1920		1515	3 156.25	6591.25
		在产品成本	15 360	10 100			

表 8-9 基本生产成本明细账

生产批号:6130　　投产日期:5月8日

产品名称:丙产品　批量:12件　　完工日期:

年		摘要	直接材料（元）	生产工时（小时）	直接人工（元）	制造费用（元）	合计（元）
月	日						
5	31	本月发生	34 950	12 350			
6	30	本月发生	15 450	15 110			

表 8-10 基本生产成本明细账

生产批号:6130　　投产日期:6月8日

产品名称:丁产品　批量:10件　　完工日期:

年		摘要	直接材料（元）	生产工时（小时）	直接人工（元）	制造费用（元）	合计（元）
月	日						
5	31	本月发生	12 370	13 210			

【视野纵横】

成本会计人员具备的相关能力

一、良好的道德素养

如果用成本会计人员应具备素质和能力垒一座金字塔,道德素质必然是位于塔的最底部,为根基所在。如果一个成本会计工作者没有良好的道德素养,那他的业务水平越高,就越可能给企业、国家造成更大的损失。

“诚信为本,操守为重;坚持准则,不做假账。”这要求看似简单,但在钱、权、利的诱惑面前能够不为所动,能够控制私心“一闪念”,却并非易事。成本会计人员应该具有法制观念,具有团队精神和敬业精神。

二、立体的经济知识

在市场经济时代,知识是最为重要的资本。成本会计这一职业在市场经济时代已经不再仅仅是简单的记账、算账和报账。经济一体化给成本会计人员提出了更高的要求。

(一)宏观形势的理解能力

在新形势下,作为高级成本会计管理人员,应该具备理解市场经济内涵、把握经济发展脉搏的能力。了解国际国内宏观经济政策形势,把握国际国内经济发展趋势,理顺宏观经济和微观经济的关系,提高高级成本会计管理人员的经济政策的理解能力和企业战略决策能力。

(二)综合分析能力

通过财务报告对企业进行全面、透彻、综合的分析,是高级成本会计人员应当具备的基本能力。成本会计人员应当了解企业的生产经营流程,利用财务报告等信息资料,结合企业管理中的落后环节和存在的主要问题,提出改进措施和建议。

(三)职业判断能力

随着中国成本会计准则的建立和完善(38项企业会计准则、38项审计准则),成本会计人员应该改变原来成本会计制度下较少运用职业判断的思维习惯,提高对成本会计准则运用的职业判断能力。而且随着市场经济的发展,成本会计环境复杂多变,不确定经济事项日益增多,而成本会计准则日趋简略,成本会计人员的职业判断空间不断增大。例如关于资产减值的问题,新的《成本会计标准》规定了8项资产减值准备。一个企业的资产项目,无论是流动资产还是固定资产,如果发生了减值,就要提取减值准备。但如何判断企业的某项具体资产减值了多少,统一的成本会计标准只能规定基本原则和基本方法,企业需要根据具体情况进行具体分析,具体判断哪项资产发生了减值,应提取多少减值准备。除了对于资产减值项目需要职业判断外,对于收入和预计负债项目等,有时也需要职业判断。因此,成本会计人员应该具有敏锐的、准确的职业判断能力,如实地确认和计量财务状况,提高企业的成本会计信息质量。

(四)财务管理能力

在市场经济条件下,资本市场将得到大力发展。公司理财的经济环境、法律环境、信用环境日趋完善,投融资渠道、工具、方式多种多样,企业财务管理工作有了大显身手的空间和机会。成本会计人员要完成记账员角色的转变,由过去成本会计人员对于企业经营的协助主要在企业经营结果的汇总与解析方面,转变为能为企业经营创造价值,并协助企业建立实质竞争力的服务。

(五)内部控制能力

近几年,国际国内的重大财务舞弊案件时有发生,企业内部控制越来越受到重视。财政部陆续发布了一系列规范,如货币资金控制规范、销售与收款控制规范、工程项目控制规范等,对企业建立内部规范控制体系进行规范和指导。作为企业成本会计人员,应具备内部控制的驾驭能力,承担起企业内部规范体系的建立和实施等工作,把最敏感的环节和岗位控制住。

(六)熟练掌握成本会计法规及国内国际成本会计标准的能力

随着世界经济一体化的发展,国际贸易、国际投融资等经济交往越来越多,成本会计人员除应当熟练掌握国内的成本会计法规外, 还应熟悉国际成本会计标准。

三、内外协调的能力

做一个合格的成本会计人员,不仅需要全面的成本会计知识、法律知识、经济知识,而且需要内外协调的能力。这种能力包括两个方面:一是对内的组织、协调、沟通能力;二是外部协调和沟通能力(如处理与工商、税务、金融等部门之间的关系)。由于成本会计的职能作用,成本会计人员要确认、计量、记录、跟踪各方面的成本会计信息和成本会计资料,要与采购、生产、保管、销售以及科研等环节和部门的人员来往,要全面、系统、总括地了解企业的经营情况,要通过对经营活动的处理、分析和汇总,向决策层提供决策依据和生产经营的数据资料。市场经济条件下的企业,生产社会化程度较高,对成本会计人员的对外协调能力方面的要求也较高。从一定角度讲,企业与工商、税务、银行以及政府有关部门之间的关系,主要是财务、成本会计方面的关系。如果成本会计工作者不具备这些方面的协调能力和技巧,就会影响企业的发展。

四、不断创新的精神

创新是市场经济时代的灵魂,没有创新就没有企业的发展。经济活动各个方面的创新,理所当然地会给传统成本会计的发展带来多方面的冲击,使成本会计领域在这一新的经济环境下发生新的变化,产生新的课题,这就需要成本会计工作者不断更新自己的知识,扩大自己的知识面,并根据经济活动的变革,相应地创新财务与成本会计的模式,使成本会计工作适应经济的发展。

具体地说,在成本会计核算的主要对象、成本会计计量的模式、成本会计假设、财务报告的编制以及成本会计实务的操作等方面,包括计算机技术、信息技术、网络技术都需要跟上经济变革的步伐。反过来讲,成本会计工作的创新也能带来生产成本的降低和生产效率的提高,从而带动经济效益的增长。

本章小结

- 分批法
  - 分批法的特点及适用范围
    - 分批法的特点
    - 分批法的适用范围
  - 分批法的核算程序
    - 分批法的账务处理程序
    - 分批法的计算
    - 简化的分批法

第九章 分步法

学习目标

通过本章学习,理解产品成本计算分步法的特点、适用范围和计算程序,理解逐步结转分步法的计算程序,熟练掌握逐步结转分步法下综合结转、成本还原和分项结转的计算方法,理解逐步结转分步法的优缺点和应用条件,理解平行法转分步法的计算程序、方法、优缺点和应用条件。

本章导读

分步法是按照产品生产步骤归集生产费用,计算产品成本的一种方法,包括逐步结转分步法(即计算半成品成本分步法)和平行结转分步法(即不计算半成品成本法)。

第一节 分步法概述

一、分步法的含义

分步法是指以产品生产步骤和产品品种为成本计算对象,来归集和分配生产费用、计算产品成本的一种方法。

二、分步法的适用范围

分步法适用于连续、大量、多步骤生产的工业企业,如冶金、水泥、纺织、酿酒、砖瓦等企业。

这些企业,从原材料投入到产品完工,要经过若干连续的生产步骤,除最后一个步骤生产的是产成品外,其他步骤生产的都是完工程度不同的半成品。这些半成品,除少数可能出售外,都是下一步骤加工的对象。因此,应按步骤、按产品品种设置产品成本明细账,分别成本项目归集生产费用。

三、分步法的特点

（一）成本计算对象

成本计算对象是产品生产步骤的半成品和最终完工产品，因此，应按照产品的生产步骤设立产品成本明细账。

（二）成本计算期

成本计算期与会计报告期一致，按月定期计算各种产品成本。

（三）费用在完工产品与在产品之间的分配

成本计算一般都是按月定期地进行，而与生产周期不一致，因此，需要采用适当的分配方法，将汇集在生产成本明细账中的生产费用在完工产品与在产品之间进行分配。

各步骤之间有成本结转问题，这是分步法的一个重要特点。

四、分步法的种类

在采用分步法计算成本时，由于各个企业对于生产步骤成本管理要求不同，按照是否计算各步骤半成品成本为标准，分步法分为逐步结转和平行结转两种不同的方法。

第二节　逐步结转分步法

一、逐步结转分步法的含义

逐步结转分步法也称顺序结转分步法，它是按照产品连续加工的先后顺序，根据生产步骤所汇集的成本、费用和产量记录，计算自制半成品成本，自制半成品成本随着半成品在各加工步骤之间移动而顺序结转的一种方法。

二、逐步结转法的适用范围

1.半成品可对外销售或半成品虽不对外销售但须进行成本比较考核的企业

如：纺织企业的棉纱、坯布，冶金企业的生铁、钢锭、铝锭，化肥企业的合成氨等半成品都属于这种情况。

2.半成品同时转作几种产成品原料的企业

如：生产钢铸件、铜铸件的机械企业，生产纸浆的造纸企业。

3.半成品作为继续加工企业，为该产品的下一生产步骤所领用，其成本与实物流转同时进行的企业

三、逐步结转法的特点

1.成本计算对象是最终完工产品和各步骤的半成品。

2.成本计算期与会计报告期一致,按月定期进行。

连续式复杂生产下必然进行大批量生产,无法划分生产周期,只能以每月作为成本计算期。

3.必须分步骤确定在产品成本,计算半成品成本和最终完工产品成本。

4.月末需采用一定的方法结转各步骤的半成品成本,半成品成本结转方法主要有综合结转和分项结转两种方法。

四、逐步结转法的计算程序

在分步法中,逐步结转分步法通常是按产品生产步骤的顺序分步计算半成品成本,并依次结转下一生产步骤,最终计算完工产品成本。因而其成本计算过程就是每一步骤按品种法计算半成品成本的过程,即品种法的多次连续应用过程。

1.按产品分步骤设置生产成本明细账。

2.根据生产步骤生产费用发生的原始凭证或费用分配表登记各生产成本明细账,月末归集和汇总各个步骤的生产费用,采用适当方法分配完工产品成本与在产品成本。

3.将最后生产步骤以外的各步骤的完工产品成本结转到自制半成品明细账,或直接转入下一生产步骤生产成本明细账的半成品费用项目, 以便逐步计算各步骤半成品成本和最终完工产品成本。

4.将最后生产步骤的完工产品成本转入产成品明细账,编制产成品成本汇总表,计算最终完工产品总成本和单位成本。

综合上述,逐步结转分步法的成本计算过程,实际就是半成品成本的累积过程,结合半成品实物的移交方式其成本结转如图9-1、9-2:

第一步骤产品成本明细账	
直接材料	5000
直接人工	2000
制造费用	1000
合　计	8000
半成品成本	7500
在成品成本	500

第二步骤产品成本明细账	
自制半成品	7500
直接人工	2200
制造费用	1300
合　计	11 000
半成品成本	9000
在成品成本	2000

最后步骤产品成本明细账	
自制半成品	9000
直接人工	1800
制造费用	1200
合　计	12 000
半成品成本	10 000
在成品成本	2000

图 9-1　直接移交方式

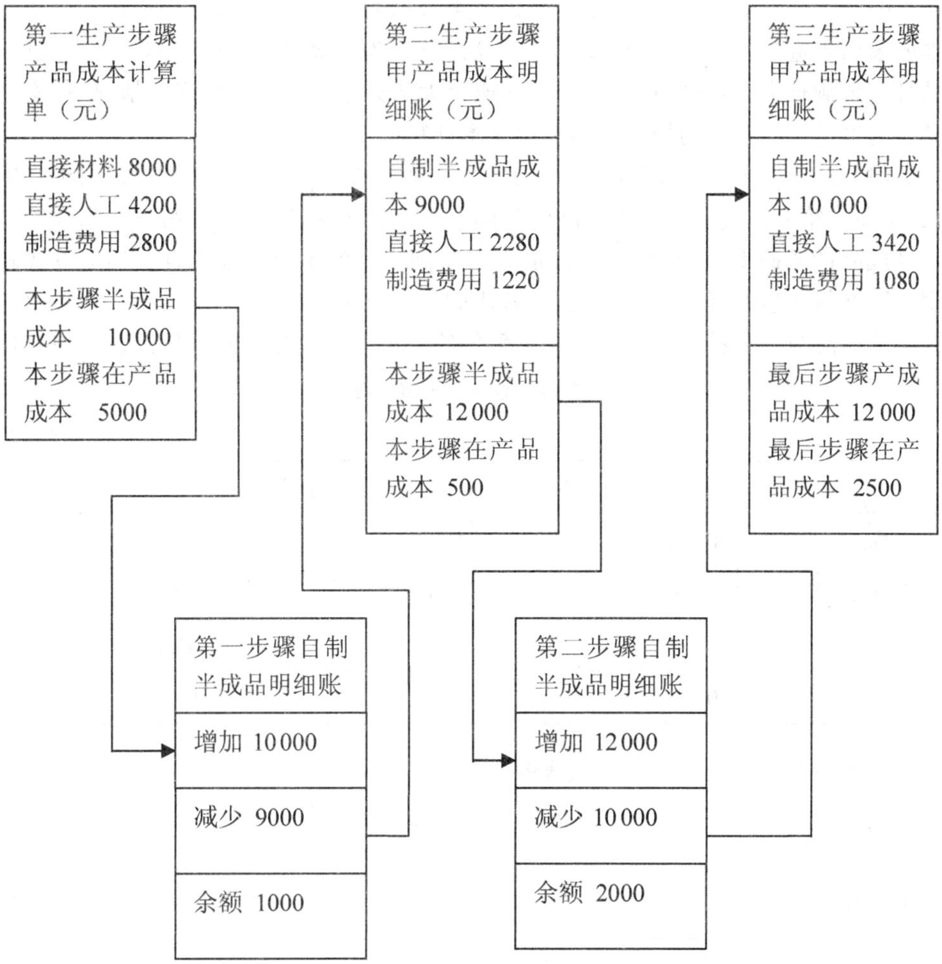

图 9-2　先入库后领用方式

五、逐步结转分步法的应用

逐步结转分步法,按照半成品成本在下一步骤生产成本明细账中的反映方法,又可以分为综合结转分步法和分项结转分步法。

(一)综合结转分步法

采用综合结转法,是将各生产步骤所消耗的半成品成本,综合记入各该步骤产品成本明细账的“直接材料”或专设的“自制半成品”成本项目中。半成品成本的综合结转一般可以按实际成本结转。

1.按实际成本综合结转

采用这种结转方法时，各步骤所耗上一步骤的半成品费用，应根据所耗半成品的数量乘以半成品的实际单位成本计算。由于各月入库半成品的单位成本不同，因而所耗半成品的单位成本要采用先进先出法或加权平均法等方法计算。为了提高各步骤成本计算的及时性，在半成品月初余额较大，本月所耗半成品全部或者大部分是以前月份所产的情况下，本月所耗半成品费用也可按上月末的加权平均单位成本计算。

【例9-1】某企业A产品生产分为三个步骤，分别由三个车间进行。第一车间生产甲半成品，第二车间在第一车间生产甲半成品的基础上生产加工为乙半成品，第三车间在第二车间生产乙半成品的基础上生产加工A产成品。各车间生产的半成品采用直接移交方式转至下一步骤。原材料在生产开始时一次投入，各步骤在产品的完工程度均为50%，各步骤的生产费用在完工产品与月末在产品之间的分配采用约当产量法。各车间产量记录如表9-1所示。

表 9-1 各车间产量记录

计量单位：件

车间名称	一车间（一步骤）	二车间（二步骤）	三车间（三步骤）
月初在产品	60	50	40
本月投产或上步转来	540	520	500
本月完工	520	500	450
月末在产品	80	70	90

各车间费用资料见表9-2、表9-3、表9-4。

表 9-2 生产成本明细账

车间：一车间

产品名称：甲半成品　　　　单位：元

年		摘要	直接材料	直接人工	制造费用	合 计
月	日					
	（略）	月初在产品成本	1000	160	108	1268
		本月发生费用	11 000	1800	900	13 700
		本月生产费用累计	12 000	1960	1008	14 968
		转下车间甲半成品成本	10 400	1820	936	13 156
		月末在产品成本	1600	140	72	1812

第一车间本月生产费用分配计算如下：

直接材料项目分配率=$\frac{12\ 000}{520+80}$=20(元/件)

转下车间甲半成品成本=520×20=10 400(元)

月末在产品成本=12 000−10 400=1600(元)

直接人工项目分配率=$\frac{1\ 960}{520+80\times50\%}$=3.5(元/件)

转下车间甲半成品成本=520×3.5=1820(元)

月末在产品成本=1960−1820=140(元)

制造费用项目分配率=$\frac{1008}{520+80\times50\%}$=1.8(元/件)

转下车间甲半成品成本=520×1.8=936(元)

月末在产品成本=1008−936=72(元)

借:生产成本——基本生产成本——二车间(乙半产品)　13 156

　贷:生产成本——基本生产成本——一车间(甲半产品)　13 156

表 9-3　生产成本明细账

车间:二车间

产品名称:乙半产品

单位:元

年		摘要	直接材料	直接人工	制造费用	合 计
月	日					
	(略)	月初在产品成本	1664	140	149	1953
		本月发生费用	13 156	2428	1884	17 468
		本月生产费用累计	14 820	2568	2033	19 421
		转下车间乙半成品成本	13 000	2400	1900	17 300
		月末在产品成本	1 820	168	133	2121

第二车间本月生产费用分配计算如下：

直接材料项目分配率 =$\frac{14\ 820}{500+70}$=26(元/件)

转下车间乙半成品成本=500×26=13 000(元)

月末在产品成本=14 820−13 000=1820(元)

直接人工项目分配率=$\frac{2568}{500+70\times50\%}$=4.8(元/件)

转下车间乙半成品成本=500×4.8=2400(元)

月末在产品成本=2568−2400=168(元)

制造费用项目分配率=$\frac{2003}{500+70\times50\%}$=3.8(元/件)

转下车间乙半成品成本=500×3.8=1900(元)

月末在产品成本=2033-1900=133(元)

借:生产成本——基本生产成本——三车间(A产品)　17 300

　贷:生产成本——基本生产成本——二车间(乙半产品)　17 300

表 9-4　生产成本明细账

车间:三车间

产品名称:A产品　　　　单位:元

年		摘要	直接材料	直接人工	制造费用	合 计
月	日					
	(略)	月初在产品成本	1060	176	84	1 320
		本月发生费用	17 300	2200	1500	21 000
		本月生产费用累计	18 360	2376	1584	22 320
		转完工 A 产品成本	15 300	2160	1440	18 900
		月末在产品成本	3060	216	144	3420

第三车间本月生产费用分配计算如下:

直接材料项目分配率=$\frac{18\ 360}{450+90}$=34(元/件)

转完工A产品成本=450×34=15 300(元)

月末在产品成本=18 360-15 300=3060(元)

直接人工项目分配率=$\frac{2376}{450+90\times50\%}$=4.8(元/件)

转完工A产品成本=450×4.8=2160(元)

月末在产品成本=2376-2160=216(元)

制造费用项目分配率=$\frac{1584}{450+90\times50\%}$=3.2(元/件)

转完工A产品成本=450×3.2=1440(元)

月末在产品成本=1584-1440=144(元)

借:库存商品——A产品　18 900

　贷:生产成本——基本生产成本——三车间(A产品)　18 900

【例9-2】假定某工业企业的甲种产品生产分两个步骤,分别由两个车间进行。第一车间生产半成品,交半成品库验收;第二车间按照所需数量向半成品库领用。第二车间所耗半成品费用按全月一次加权平均单位计算。两个车间月末的在产品均按定额成本计价。有关资料如下:

月初在产品成本、本月发生费用、月末在产品成本、产量已经登记在各车间成本计算单中。

月末结存半成品数量、月初结存半成品成本已经登记在半成品明细账中。

表 9-5　甲半成品成本计算单

第一车间：甲半成品　　　　年　月

产量：100件　　　　单位：元

摘要	直接材料	直接人工	制造费用	合计
月初在产品成本（定额成本）	3600	2400	4050	10 050
本月发生费用	5800	3020	6500	15 320
合计	9400	5420	10 550	25 370
本月半成品成本	5110	4020	7520	16 650
月末在产品成本（定额成本）	4290	1400	3030	8720

甲半成品本月单位成本=$\frac{16\ 650}{100}$=166.50（元/件）

借：自制半成品——甲半成品　16 650

　贷：生产成本——基本生产成本——第一车间——甲半成品　16 650

表 9-6　甲半成品明细账

年　月

产品名称：甲半成品　　　计量单位：件　　　单位：元

摘要	收入			发出			结存		
	数量	单价	金额	数量	单价	金额	数量	单价	金额
期初余额							20	165	3300
一车间交库	100	166.5	16 650						
二车间领用				115	166.25	19 118.75	5	166.25	831.25

加权平均单位成本：$\frac{3300+16\ 650}{20+100}$=166.25（元/件）

本月减少实际成本：115×166.25=19 118.75（元）

二车间领用甲半成品会计分录：

借：生产成本——基本生产成本——第二车间——甲产品　19 118.75

　贷：自制半成品——甲半成品　19 118.75

表 9-7　甲产品成本计算单

第一车间：甲产品　　年　月

产量：80件　　单位：元

摘要	自制半成品	直接人工	制造费用	合计
月初在产品成本(定额成本)	6900	3650	5020	15 570
本月发生费用	19 118.75	3000	5110	27 228.75
合计	26 018.75	6650	10 130	42 798.75
本月产成品	17 650	5600	6580	29830
月末在产品成本(定额成本)	8368.75	1050	3550	12 968.75

借：产成品——甲产品　29 830

　贷：生产成本——基本生产成本——第二车间——甲种产品　29 830

2.综合结转分步法的成本还原

在逐步综合结转分步法下，要结转半成品成本，下一步骤的“直接材料”成本相当于上一步骤的半成品成本，其中不仅仅包括真正的原材料成本，还包括上一步骤的直接人工费和制造费用，由此导致最后一步的产品成本计算单中的“直接材料”名不副实，最后一步的产品成本计算单中的数据不能真实地反映产品成本中直接材料、直接人工费以及制造费用的比例关系。因此，需要进行成本还原，把最后一步的产品成本计算单中的“直接材料”的数据逐步还原，把其中包括的直接材料、直接人工和制造费用分开，这样才能真实地反映产品成本中直接材料、直接人工以及制造费用的比例关系。计算公式如下：

还原分配率=本月产成品所耗上一步骤半成品成本合计÷本月所产该种半成品成本合计

本步骤自制材料半成品成本项目还原费用=本月上步骤所产半成品的费用×还原分配率

还原后产品总成本=自制材料(半成品)成本项目还原费用+最后步骤完工产品成本中的其他成本项目费用

【例9-3】接例9-2，计算如下：

(1)还原分配率=$\frac{17\ 650}{16\ 650}$=1.06

(2)编制还原分配表

表 9-8

单位:元

项目	还原前产品成本	本月所生产产成品成本	产成品成本中半成品成本还原	还原后产品成本
行次	①	②	③	④=①+③
还原分配率			1.06	
半成品	17 650		17 650	
直接材料		5110	5416.6	5416.6
直接人工	5600	4020	4261.2	9861.2
制造费用	6580	7520	7972.2	14 552.2
合计	29 830	16 650		29 830

上例题中,甲产品只有两个步骤,所以只还原一次就完成了还原工作。如果产品生产步骤增多,则应根据实际情况还原,次数为步骤(N)减1次。

(二)分项结转分步法

1.分项结转分步法是指将上步骤半成品成本按各成本项目的实际金额分别计入下步骤的相对应的各成本项目。由于这种方法各成本项目的金额不相互混淆,因此不必进行成本还原。

2.分项结转的特点是将各步骤所消耗的上一步半成品成本,按照成本项目分项转入各该步骤产品成本明细账的各个成本项目中,如果半成品通过半成品库收发,在自制半成品明细账中登记半成品成本时,也要按照成本项目分别登记。

【例9-4】仍以例9-1资料为例,采用分项结转分步法进行成本计算。

表 9-9 生产成本明细账

车间:一车间

产品名称:甲半成品

单位:元

年		凭证号数	摘要	直接材料	直接人工	制造费用	合计
月	日						
		(略)	月初在产品成本	1000	160	108	1268
			本月发生费用	11 000	1800	900	13 700
			本月生产费用累计	12 000	1960	1008	14 968
			约当产量	600	560	560	
			单位成本(分配率)	20	3.5	1.8	
			转出甲半成品成本	10 400	1820	936	13 156
			月末在产品成本	1600	140	72	1812

借:生产成本——基本生产成本——二车间(乙半产品)　13 156

　贷:生产成本——基本生产成本——一车间(甲半产品)　13 156

表 9-10　生产成本明细账

车间:二车间

产品名称:乙半成品　　　　　　　　　　　　　　　　　　　　　　　单位:元

年		凭证号数	摘要	直接材料	直接人工	制造费用	合计
月	日						
		(略)	月初在产品成本	1664	140	149	1953
			上步转入半成品成本	10 400	1820	936	13 156
			本月发生费用		2428	1884	4312
			本月生产费用累计	12064	2568/1820	2033/936	19 421
			约当产量	570	535/570	535/570	
			单位成本(分配率)	21.16	4.8/3.19	3.8/1.64	
			转出乙半成品成本	10 580	3995	2720	17 295
			月末在产品成本	1484	393	249	2126

借:生产成本——基本生产成本——三车间(甲产品)　17 295

　贷:生产成本——基本生产成本——二车间(乙半产品)　17 295

表 9-11　生产成本明细账

车间:三车间

产品名称:A产品　　　　　　　　　　　　　　　　　　　　　　　单位:元

年		凭证号数	摘要	直接材料	直接人工	制造费用	合计
月	日						
		(略)	月初在产品成本	1060	176	84	1320
			上步转入半成品成本	10 580	3995	2720	17 295
			本月发生费用		2200	1500	3700
			本月生产费用累计	11 640	2376/3995	1584/2720	22 315
			约当产量	540	495/540	495/540	
			单位成本(分配率)	21.56	4.8/7.4	3.2/5.04	
			转完工 A 产品成本	9702	5490	3708	18 900
			月末在产品成本	1938	881	596	3415

借:库存商品——甲产品　18 900

　贷:生产成本——基本生产成本——三车间(甲产品)　18 900

第三节　平行结转分步法

一、平行结转分步法的含义

平行结转分步法指半成品成本并不随半成品实物的转移而结转,而是在哪一步骤发生就留在该步骤的成本明细账内,直到最后加工成产成品,才将其成本从各步骤的成本明细账转出的方法。各生产步骤只归集计算本步骤直接发生的生产费用,不计算结转本步骤所消耗上一步骤的半成品成本;各生产步骤分别与完工产品直接联系,本步骤只提供在产品成本和加入最终产品成本的份额,平行独立、互不影响地进行成本计算,平行地把份额计入完工产品成本。

二、平行结转分步法的适用范围

平行结转分步法适用于多步骤复杂生产, 总的来说, 只要不要求提供各步骤半成品成本,前举的运用逐步结转分步法的企业都可运用平行结转分步法。随着我国企业经济责任制的推行,企业普遍实行内部经济责任制和责任会计,尤其是在建立社会主义市场经济的进程中,大量的企业要按公司法的规定进行规范化改组,企业内部的责权利的实施在很大程度上依赖于各车间的成本指标考核,必然要求各车间计算半成品成本。所以,平行结转分步法的运用范围将大大缩小,更多采用逐步结转分步法。

平行结转分步法具体运用于下列企业:

1.半成品无独立经济意义或虽有半成品但不要求单独计算半成品成本的企业。如:砖瓦厂、瓷厂等。

2.一般不计算零配件成本的装配式复杂生产企业,如:大批量生产的机械制造企业。

三、平行结转分步法的特点

1.成本计算对象是最终完工产品。

在平行结转分步法中,各生产步骤的半成品都不作为成本计算对象,各步骤的成本计算都是为了算出最终产品的成本。

2.成本计算期是每月的会计报告期,这是大批量生产的组织特点所决定的。

3.半成品实物流转与半成品成本的结转相分离。

四、平行结转分步法的计算程序

1.由各生产步骤计算出某产品在本步骤所发生的各种费用。

2.将各生产步骤该产品所发生的费用在最终产品与月末在产品之间进行分配,确定各生产步骤应计入产成品成本的“份额”；

3.将各生产步骤应计入相同产成品成本的份额相加，计算出最终产成品的实际总成本。如图9–3所示。

第一步骤产品成本明细账	
直接材料	5000
直接人工	3000
制造费用	2000
合　计	10 000
结转产成品成本份额	8000
在产品成本	2000

第二步骤产品成本明细账	
直接材料	5000
直接人工	4000
制造费用	2200
合　计	11 200
结转产成品成本份额	5500
在产品成本	5700

第三步骤产品成本明细账	
直接材料	5000
直接人工	4500
制造费用	1500
合　计	11 000
结转产成品成本份额	5000
在产品成本	6000

第一步转入份额	第二步转入份额	第三步转入份额	产成品总成本
8000	5500	5000	18 500
甲产品成本汇总表			

图 9–3

五、平行结转分步法的应用

【例9–5】某企业生产的丁产品经过三个车间连续加工制成，第一车间生产D半成品，直接转入第二车间加工制成H半成品，H半成品直接转入第三车间加工成丁产成品。其中，1件丁产品消耗1件H半成品，1件H半成品消耗1件D半成品。原材料于第一车间生产开始时一次投入，第二车间和第三车间不再投入材料。各车间月末在产品完工率均为50%。各车间生产费用在完工产品和在产品之间的分配采用约当产量法。

1.本月各车间产量资料如表9–12。

表 9–12　各车间产量资料表

单位：件

摘要	第一车间	第二车间	第三车间
月初在产品数量	20	50	40
本月投产数量或上步转入	180	160	180
本月完工产品数量	160	180	200
月末在产品数量	40	30	20

2.各车间月初及本月费用资料如表9–13。

表 9–13　各车间月初及本月费用

单位：元

摘要		直接材料	直接人工	制造费用	合计
第一车间	月初在产品成本	1000	60	100	1160
	本月的生产费用	18 400	2200	2400	23 000
第二车间	月初在产品成本		200	120	320
	本月的生产费用		3200	4800	8000
第三车间	月初在产品成本		180	160	340
	本月的生产费用		3450	2 550	6000

下面采用平行结转法计算丁产品的生产成本，计算过程如下：

1.编制各生产步骤的约当产量的计算表。

表 9–14　各生产步骤约当产量的计算表

单位：件

摘　要	直接材料	直接人工	制造费用
第一车间步骤的约当产量	290 （200+40+30+20）	270 （200+40×50%+30+20）	270
第二车间步骤的约当产量	250 （200+20+30）	235 （200+30×50%+20）	235
第三车间步骤的约当产量	220 （200+20）	210 （200+20×50%）	210

2.编制各生产步骤的成本计算单

表 9-15 生产成本明细账

车间:第一车间　　品名:丁产品(D半成品)　　单位:元

摘 要	直接材料	直接人工	制造费用	合计
月初在产品成本	1000	60	100	1160
本月发生费用	18 400	2200	2400	23 000
合计	19 400	2260	2500	24 160
第一步骤的约当产量	290	270	270	
分配率	66.90	8.37	9.26	
应计入产成品成本份额	13 380	1674	1852	16 906
月末在产品成本	6020	586	648	7 254

表 9-16 生产成本明细账

车间:第二车间　　品名:丁产品(H半成品)　　单位:元

摘要	直接人工	制造费用	合计
月初在产品成本	200	120	320
本月发生费用	3200	4800	8000
合计	3400	4920	8320
第二步骤约当产量	235	235	
分配率	14.47	20.94	
应计入产成品成本份额	2894	4188	7082
月末在产品成本	506	732	1238

表 9-17 生产成本明细账

车间:第三车间　　品名:丁产品　　单位:元

摘要	直接人工	制造费用	合计
月初在产品成本	180	160	340
本月发生费用	3450	2550	6000
合计	3630	2710	6340
第三步骤约当产量	210	210	
分配率	17.29	12.90	
应计入产成品成本份额	3458	2580	6038
月末在产品成本	172	130	302

3.编制产品成本汇总表如下

表 9-18　产品成本汇总计算表

产品名称:丁产品　　　　　　　　　　　　　　　　　　　　　　　　　　单位:元

项目	数量	直接材料	直接人工	制造费用	总成本	单位成本
第一车间		13 380	1674	1852	16 906	84.53
第二车间			2894	4188	7082	35.41
第三车间			3458	2580	6038	30.19
合计	200	13 380	8026	8620	30 026	150.13

根据产品成本汇总计算表和产成品入库单，编制结转完工入库产品生产成本的会计分录如下：

借:库存商品——丁产品　30 026

　贷:生产成本——基本生产成本——第一车间　16 906

　　　　　　　　　　　　　　　——第二车间　7082

　　　　　　　　　　　　　　　——第三车间　6038

【视野纵横】

成本会计九连环

众所周知,成本会计是会计的一个重要分支,涉及企业经营中的大量信息。纲举目张,如何抓住关键呢?笔者认为,简言之,抓住“三三得九,九九八十一”个节点即可。

一、九宫格

前三格是品种法、分批法、分步法,附分类法、定额法。

中三格是生产成本——基本生产成本、生产成本——辅助生产成本、制造费用,制造费用相当于飞机起落架,起飞前先收起落架,即核算成本时先把制造费用转入基本生产成本及辅助生产成本,辅助生产成本可看做空中加油机,要输油到主机上,即要归结分配入生产成本中去。

后三格是完全/变动成本财务核算体系、实际成本/标准成本财务核算体系、产量/作业成本财务核算体系。

此为“三三得九”。

二、九九分

九九八十一个节点,分为九组。

(一)一九是成本龙

龙头是成本计划,龙身是成本核算,龙尾是成本分析,四个龙爪是成本控制、成本奖惩、成本预测、成本决策,龙角是定额成本、标准成本。

(二)二九是成本预测方法

即趋势预测、本量利分析、敏感度分析、经济模型预测、目标倒推、经验值、同行参考、弹性预算、限额成本,可产生标准成本、目标成本、计划成本。

(三)三九是成本管理原则

1.树立全员成本管理意识原则;

2.实用价值原则(既不搞烦琐哲学,又不片面追求简化);

3.有章可循原则(加强材料物资的收发领退和盘点管理,做好定额、记录的设计和制定,表格要简单明了);

4.因地制宜(采用适当成本计算方法)原则;

5.抓住成本信息五性(全面性、真实性、及时性、可比性、可操作性)原则;

6.成本与利润非完全跷跷板关系(要具有成本周期、战略成本观念);

7.具体情况具体分析原则(能分清受益对象的直接记入,分不清的按标准分配计入);

8.分配标准与待分配费用之间有一定联系原则;

9.成本数据是为信息使用者服务原则。

(四)四九是九个归集的费用要素

即主要材料、燃料动力、应付职工薪酬、其他直接费用、折旧费、机物料、车间经费、停工损失、其他间接费用。

(五)五九是简化九步核算模板

1.制定产品生产标准卡片(标准消耗及标准单价);

2.查询期初在产品成本(量、价);

3.进行原材料盘点;

4.计算材料分配和制造费用分配,得出实际发生的生产费用;

5.进行半成品盘点;

6.根据定额资料将月末半成品进行材料还原;

7.计算完工产品成本,得出半成品成本资料;

8.根据标准成本计算材料差异;

9.根据标准成本计算费用差异。

(六)六九是分配标准

1.消耗量

2.费用额

3.产品的体积、长度、重量、占用面积、售价

4.订货次数、采购价值

5.直接材料成本

6.直接材料数量

7.成本动因(插件个数)等

8.工人工资、工人工时、机器工时、投产量

9.各种综合分配系数。

以上可有定额、实际、计划等类型。

(七)七九是九个关键节点问题

1.原材料领料时结转成本价格,可按计划价、按实际成本、按定额、按上月加权平均单价等。

2.成本项目与受益对象的确定问题。

3.辅助生产费用的分配,采用直接分配法、顺序分配法、交互分配法、代数分配法、按计划成本分配法等(计划成本分配时,按计划单位成本计算得出各个车间、部门应分配的生产成本、制造费用,辅助成本与计划成本之间的差额按受益数量比例转出到非核算部门)。

4.成本在不同产品之间分配,如材料按定额消耗量比例或按定额成本比例分配等。

5.成本在完工产品和在产品之间分配,一为间接分配,即约当产量法、定额比例法;一为直接计入,如在产品不计算成本法、在产品按固定成本计价法、在产品按所耗原材料费用计价法、在产品按定额成本计价法。或者按计划成本、定额单位成本或最近一期相同产品的实际单位成本计算产成品成本,从产品成本计算单中转出产成品成本后,其余额即为在产品成本。

6.正常停工与非正常停工、正常损耗与非正常损耗。

7.成本下降与效率下降的关系。

8.成本持续性降低与形成企业优势的关系。

9.成本效益比的关系。

(八)八九指周期成本

即立项成本、研发成本、设计成本、采购成本、生产成本、营销成本、配送成本、售后服务成本、行政管理成本,不可顾此失彼,减了一个环节成本,增了另一个环节成本。

(九)九九归一,要提高经济效益,必须加强企业成本管理,可采取如下措施

1.以主动的战略成本管理代替传统的被动式成本核算管理。成本降下了,企业的竞争力下降了,销售也下降了,显然是不符合效益最大化原则的,甚至创造优势、发掘特色还会增加成本,关键是要增加效益。

2.以动态的成本管理取代静态的成本管理,重视成本控制,注重市场调查和生产经营信息的反馈。

3.注重实际而不是想象,压缩人员开支、降低供应价格、提高产量、加强销量的计划要务实,产品价格没有市场竞争力时该下马要及时下马。

4.成本信息要反映成本而不能失真,不能为填报各种口径的上报资料方便乱摊成本、搞乱账目,让企业管理者无从考核和控制生产经营。

5.要重视信息技术运用,这样才能有能力及时收集、处理大量的成本信息。

6.抓住降低成本的关键，通过技术创新，通过管理方式改变，而不是偷工减料，也不是盲目地减少产品功能，如只是消除多余功能、改良生产工艺、实现自动化等；通过全过程管理，而不是简单地制造成本管理；采取零库存、订单生产等避免产品滞销，加大资金成本，与其他企业实现技术共享、市场共享等分担经营成本。

7.加强决策前成本核算，企业新上产品、新接订单，就要树立成本意识，既要技术上可行，也要经济上可行。

8.重视降低隐性成本，如市场开拓、内部结构的调整、企业规模的扩大等成本。

9.与供应商、销售商合作分担成本，从日常的企业成本管理扩展到从行业产业链的高度来看成本管理。

三、持久管理，算而有用

成本管理不是简单地等同于“支出控制”，而是一项系统工程。核算方法上理论联系实际，在简单的核算方法和核算资料的精确度之间找平衡，制定适合企业特点的核算流程，关键点是制造成本的归集和分配，归集哪些内容，分配到哪些成本对象中；分析方法上要实际中有所用，用得上，要有战略成本观。一环套一环，推行全员、全过程的成本管理，反映企业的生产流程，提供管理者关心的成本资料，在管理上下工夫，在管理中出效益。

本章小结

- 分批法
  - 分步法概述
    - 分步法的特点及适用范围
    - 分步法成本计算的一般程序
  - 逐步结转分步法
    - 逐步结转分步法的特点及适用范围
    - 逐步结转分步法的计算
    - 逐步结转分步法的优缺点
  - 平行结转分步法
    - 平行结转分步法的特点及适用范围
    - 平行结转分步法的计算
    - 平行结转分步法的优缺点

第十章　产品成本计算的辅助方法

学习目标

理解产品成本的计算分类法和定额法的含义、特点及其适用范围；

掌握分类法的产品成本计算程序和实际应用；

了解定额法的产品成本计算的基本原理及联产品和副产品的成本计算。

本章导读

在对企业产品进行成本计算时,如果产品品种、规格非常繁多,难以按照产品的品种来计算成本,就应该采用分类法计算,分类法实际是品种法的延伸和扩展。而为了加强企业的定额管理和日常成本控制,需要采用定额法进行成本计算。还有些工业企业,特别是化工企业,在生产过程中对同一原料进行加工,可以同时生产出几种主要产品,就是“联产品”,还会附带生产出一些非主要产品,即“副产品”,这些“联产品”和“副产品”可以归并并加以分类,用分类法计算成本。

第一节　产品成本计算的分类法

一、分类法概述

(一)分类法的含义

分类法是产品成本计算的基本方法的简化应用，它是以企业产品的类别为成本计算对象,计算出各类产品成本后,再按照一定的方法,将归集的生产费用在同类产品中分配,计算出各类产品成本的一种方法。采用分类法计算成本时,需要先将产品分为若干类,再分别计算出各类产品成本。分类法是品种法在多品种生产企业中的具体应用。

（二）分类法的适用范围

成本计算的分类法主要适用于产品品种、规格繁多，其产品可以按照一定的标准划分为若干类别的生产企业。如钢铁厂的产品可以分为圆钢、方钢、角钢三类来计算成本；制鞋厂的产品分为男鞋、女鞋，女鞋又可以分为棉鞋、凉鞋、靴子等产品来分别计算其生产成本。

需要说明的是，分类法不是一种独立的成本计算方法，它必须与前面所讲述的基本成本计算方法结合使用。例如，分类法与品种法结合时，即把"某一类"产品视为"某一种"产品来计算其成本。

（三）分类法的特点

1.以产品类别作为成本计算对象

在归集生产费用时，同类别各种产品发生的生产费用，无论是直接生产费用还是间接生产费用，都归集在该类产品的成本明细账中，当月累计发生的生产费用作为该类产品的总成本。

2.类内各种产品的成本按一定标准分配确定

在采用分类法计算产品成本时，按产品类别归集的生产费用是不同品种产品或同一品种不同规格产品的共耗费用。为了最终计算各品种、规格产品的成本，就要选择适当的分配标准，在类内各品种或规格的产品之间进行分配。通常可供选择的分配标准主要有定额消耗量、定额费用、产品售价以及产品的重量、体积、长度等。具体选择时，应充分考虑分配标准与产品生产耗费的关系，选择那些与产品成本密切相关的分配标准，使分配的结果合理、准确。

3.类内产品采用的费用分配标准可以多样化

在类内各种产品分配费用时，各成本项目可以采用相同的费用分配标准进行分配，也可以根据各成本项目的特点，不同成本项目采用不同的费用分配标准进行分配。如直接材料可以采用各种产品的原材料定额消耗量或定额费用以及重量等比例进行分配；直接人工和制造费用等则采用定额工时比例等进行分配。

为了简化分配工作，也可以将分配标准折算成相对固定的系数，根据系数在类内各种产品之间分配费用。即在类内选择一种产量较大、常年生产且比较稳定的产品作为标准产品，将其系数确定为"1"，其他产品则按照与标准产品相比较、换算后确定相应的系数，然后按各种产品的系数分配该类产品的生产费用，计算类内各种产品成本。这种方法，一般又称为"系数法"，是一种简化的分类法。

（四）分类法成本计算程序

1.按产品类别设置生产成本明细账，账内按成本项目设置专栏，以归集汇总各该类别产品的生产费用。

按产品类别设置生产成本明细账，应首先将不同品种和规格的产品进行合理的分类。所谓合理的分类是指应根据产品所用原材料和工艺过程的不同，将相似的各种规格、品种的产品划为一类。注意类距不宜过大也不宜过小。

2.各类产品在生产过程中发生的各种生产费用，应根据费用与各类产品的关系，分别计入各类产品的生产成本明细账。其中，可分类别直接认定的费用，直接计入各类别产品的生产成本明细账中；类别间共耗的直接费用应采用适当的标准在类别间进行分配，然后计入生产成本明细账中；发生的制造费用先通过“制造费用”账户归集，月末采用一定的分配标准在不同类别间进行分配，然后计入生产成本明细账中。

3.月末，将各类别产品生产成本明细账归集的生产费用进行汇总，并采用适当的分配方法在本类完工产品和月末在产品之间进行分配，计算出完工产品成本。

4.选择适当的分配标准或系数，将各类别完工产品成本，在类内各种产品之间进行分配，计算类内各种产品的总成本和单位成本。

二、分类法举例

（一）按“系数法”计算产品成本

1.系数与标准产量

在按产品类别归集生产费用的基础上，按照各种产品的“系数”计算产品成本的方法，称为“系数法”。所谓“系数”，就是将某种规格的产品作为成本计算的“标准产品”，将其他规格产品折合成“标准产品”的折合率。采用该种方法，月末根据本期完工产品的数量和期末在产品的数量，分别乘以规定的系数，即为产成品和在产品折合量，然后将本期成本总数，按照折合量分别在各种产成品和在产品之间加以分配，即可进一步算出每种产品的总成本和单位成本。

——知识链接——

单位系数是按分类法计算出各类产品成本后，进行类内产品成本计算时所确定的费用分配标准，通常为标准产品的分配标准与类内各产品分配标准之比。

如甲、乙、丙为同类产品，其规格分别为100、85、70，甲为标准产品，单位系数为1，则乙、丙分别为0.85，0.70。

2.计算公式

按“系数”划分并计算类别内各种产品成本的方法常用的计算公式如下：

$$各种产成品的折合数量=每种产成品的实际产量\times 该种产品的系数$$

$$各种在产品的折合数量=每种在产品的实际数量\times 该种在产品的系数$$

$$成本分配率=\frac{期初在产品成本+本期发生费用}{全部产成品的折合总量+全部在产品的折合总量}$$

$$各种产成品成本=该种产成品折合量\times 成本分配率$$

$$期末在产品成本=在产品折合量\times 成本分配率$$

3.计算实例

【例1】某企业生产A、B两种产品，属于甲类产品，采用“系数法”计算产品成本。

20××年8月份其成本的有关资料见表10-1、10-2。

假定该厂将A产品定为标准产品，直接材料费用系数按原材料费用定额确定，其他加工费用的系数按单位产品工时消耗定额确定。

表 10-1 产成品和在产品折合数量计算表

产成品名称:甲类　　　　20××年8月　　　　单位:件

产品品种	本期产品成品			期末在产品							折合数量合计
				第一加工阶段			第二加工阶段			在产品	
	实际产量	系数	产成品折合量	实际数量	系数	折合量	实际数量	系数	折合量		
	1	2	3=1×2	4	5	6=4×5	7	8	9=7×8	10=6+9	11=3+10
A	5200	1	5200	2000	0.4	800	2000	0.8	1600	2400	7600
B	4000	0.5	2000	1000	0.2	200	500	0.4	200	400	2400
合计			7200			1000			1800	2800	10 000

表 10-2 产品成本计算单

产成品名称:甲类　　　　20××年8月　　　　单位:元

项目		成本项目			
		直接材料	直接人工	制造费用	合计
期初在产品成本		24 387	16 705	11 794	52 886
本期发生费用		55 613	33 295	52 206	141 114
小 计		80 000	50 000	64 000	194 000
分配率		8	5	6.4	
期末在产品成本		22 400	14 000	17 920	54 320
本期产成品总成本		57 600	36 000	46 080	139 680
A	总成本	41 600	26 000	33 280	100 880
	单位成本	8	5	6.4	19.4
B	总成本	16 000	10 000	12 800	38 800
	单位成本	4	2.5	3.2	9.7

根据表10-2编制完工产品入库的会计分录

借:库存商品——A产品　100 880

　　　　　——B产品　38 800

　贷:生产成本——基本生产成本(甲类)　139 680

(二)按定额比例法计算产品成本

以产品类别为成本计算对象,分类归集实际发生的各项生产费用,在计算出各类月初在产品成本与本月生产费用合计的基础上，按照事先确定的定额比例在类内完工产品与在产品之间，以及类内各完工产品之间进行分配，以计算出类内各种产品的总成本及单位成本的方法称为定额比例法。这种方法简便易行，但必须有比较准确、齐全的消耗定额，否则将影响成本计算结果的准确性。

定额比例法的计算程序如下：

1.计算每类产品的定额总成本或定额总工时

定额总成本（工时）=月初在产品定额成本（工时）+本月投产产品的定额成本（工时）

定额成本（工时）=投产量×单位产品的定额成本（工时）

2.按成本各项目分别计算费用分配率

$$直接材料分配率=\frac{某类产品直接材料实际总成本}{该类产品直接材料定额总成本}$$

$$直接人工分配率=\frac{某类产品直接人工实际总成本}{该类产品的定额工时总数}$$

$$制造费用分配率=\frac{某类产品制造费用实际总成本}{该类产品的定额工时总数}$$

3.计算各种产品（完工产品与在产品）的实际成本

某产品的直接材料=直接材料分配率×直接材料定额成本

某种产品直接人工=直接人工分配率×该种产品的定额工时总数

某种产品制造费用=制造费用分配率×该种产品的定额工时总数

【例2】某工厂生产的产品品种较多，按照所消耗的材料和工艺技术的特点，将各种产品划分为A、B两大类。其中A类中包括A_1、A_2、A_3三种产品。类内各种产品费用分配的标准是：直接材料按材料定额成本比例分配，其他费用按定额工时比例分配。A类产品成本明细账及A类各产品产量、定额资料及A类内各种产品成本计算表，见表10-3、10-4、10-5。

表 10-3　A 类产品成本计算单

20××年8月　　　　单位：元

项目	直接材料	直接工资	其他直接费用	制造费用	合计
月初在产品	36 600	5900	1686	4950	49 136
本月费用	354 600	26 400	3782	19580	404 362
合计	391 200	32 300	5468	24 530	453 498
本月产成品	338 800	25 200	3528	18 760	386 288
月末在产品	52 400	7100	1940	5770	67 210

表 10-4 A 类产品产量及定额材料

20××年8月 单位:元

项目	实际产量	单位产品直接材料定额成本(元)	直接材料定额总成本(元)	工时定额	定额工时
A_1	1600	77	123 200	4	6400
A_2	1800	61.60	110 880	2	3600
A_3	800	92.40	73 920	5	4000
合计			308 000		14 000

表 10-5 A 类各种产品成本计算单

20××年8月 单位:元

项目	直接材料	直接工资	其他直接费用	制造费用	合计
分配率	$\frac{338\ 800}{308\ 000}=1.1$	$\frac{25\ 200}{14\ 000}=1.8$	$\frac{3528}{14\ 000}=0.252$	$\frac{18\ 760}{14\ 000}=1.34$	
A_1	135 520	11 520	1612.80	8576	157 228.80
A_2	121 968	6480	907.20	4824	134 179.20
A_3	81 312	7200	1008	5360	94 880
合计	338 800	25200	3528	18760	386 288

由于该方法是按照产品的类别归集和分配费用的,也就是说领料凭证、工时记录和各种费用分配表都是按类别填列,产品成本明细账按照类别设立,所以可以大大简化成本计算工作,并且还能提供各类产品的耗费水平。但由于同类产品内各种产品成本的计算是按照一定的标准分配得出的,其计算结果就有一定的假定性,即产品分类是否恰当,类内产品的类距是否合适、分配标准的选择是否恰当,都会直接影响成本计算结果的正确性。在进行产品分类时,类距不能过大,也不能过小,因为过大会使成本计算不准确,过小又会使成本计算工作复杂。在分配标准的选择上,必须选择与成本水平高低有密切联系的标准,不同的成本项目可以采用不同的分配标准,使其分配的结果尽可能接近实际。

第二节　产品成本计算的定额法

一、定额法概述

(一)定额法的含义及适用范围

产品成本计算的定额法，又称定额成本法，是指以事先制定的产品定额成本为控制标准,在生产费用发生时,及时计算和提供实际生产费用脱离定额的差异,并在定额成本的基础上加减差异额计算产品实际成本的一种方法。

定额法作为一种与企业生产类型无直接联系的成本计算方法,适用于产品品种不多,规格、型号、工艺加工过程比较稳定,在管理上要求对产品成本做事先规划,事中进行控制的各类企业。但这些企业在采用定额法计算产品成本时,必须具备以下条件:

1.企业的定额管理制度比较健全,定额管理基础工作较好,成本核算人员素质较高;

2.产品的生产已经定型,各项生产费用消耗定额比较准确、稳定。

(二)定额法的特点

定额法是为了加强定额管理和日常成本控制所采用的成本计算方法，其不是一种独立的成本计算方法,进行成本计算时,必须与前述的品种法、分批法、分步法等成本计算方法结合运用。前面所讲的几种方法,是以产品实际费用发生额为基础计算的,因此,在计算成本时,成本计划的执行情况,实际成本与计划成本的差异及原因等,只能在月末完工产品成本计算出来后,通过实际成本与计划成本的比较、分析才能提供,产品成本的控制也只能是一种事后行为。为了改变这种评价过去、借鉴未来的被动局面,更好地发挥成本核算的作用,加强产品生产成本的事前和事中控制,就引出了用定额法计算产品成本。这种方法的主要特点有:

1.事前控制产品的消耗定额、费用定额和定额成本作为降低成本的目标;

2.在生产费用发生的当时将符合定额的费用和发生的差异分别核算,加强对成本差异的日常核算、分析和控制;

3.月末在定额成本的基础上加减脱离定额差异和定额变动差异,计算产品的实际成本,为成本的定期分析和考核提供数据。

其他成本计算方法则是按实际发生的生产费用来计算的。因此,定额法下产品的实际成本可用下列公式表示:

产品的实际成本=定额成本+脱离定额差异+定额变动差异

(三)定额法成本计算程序

1.以产品的各项现行消耗定额为依据来制定产品的定额成本。其一般公式为:

产品单位定额成本=直接材料费用定额 +直接人工费用定额+制造费用定额

直接材料费用定额=∑产品原材料消耗定额×原材料计划单价

直接人工费用定额=产品生产工时定额×计划小时工资率

制造费用定额=产品生产工时定额×计划费用分配率

在企业生产经营过程中,随着生产技术条件的变化、劳动生产率的不断提高和市场经济条件的变化，企业各种产品的各项消耗定额以及与之相适应的计划单价，亦会随之发生变化。为使正在执行中的各项定额尽可能地做到准确,以利于对实际生产耗费实行有效的监督和控制,产品的定额成本也应及时修订。但这种修订一般应在月初、季初或年初定期进行。

2.根据实际产量核算产品的定额生产费用和实际生产费用之间的差异,即脱离定额的差异。

采用定额法计算产品生产成本,应在各项生产费用发生时,分为符合定额的费用和脱离定额的差异两部分,分别进行归集。即分别编制定额凭证和差异凭证,并在有关的费用分配表中分别计算汇总,分别登记生产成本明细账。同时,对差异凭证进行严格的审核和控制,经批准后才能入账。这一成本计算程序,又称为脱离定额差异的核算,是定额法的核心内容。

3.在完工产品定额成本的基础上,加减脱离定额差异和定额变动差异,计算出完工产品的实际成本。

二、定额成本的核算

定额成本是根据企业现行消耗定额和费用预算(计划)制定的目标成本。制定定额成本所使用的成本项目应与计算产品实际成本的项目相同,才能互相比较,并及时提示实际成本脱离定额的差异。按照制造成本法,应当制定直接材料、直接人工的消耗定额和制造费用的费用定额。

单位产品直接材料定额=∑产品材料消耗定额×材料计划单价

单位产品直接人工定额=产品工时消耗定额×生产工人工资计划单价

单位产品制造费用定额=产品工时消耗定额×制造费用的计划单价

上述生产工人工资计划单价,就是每小时计划工资额,也称计划工资率;制造费用通常按生产工时比例分配计入成品成本,即每小时计划费用额,也称计划费用率。

上述各项费用额的合计数,就是单位产品的定额成本,单位产品的定额成本乘以实际产量即为定额总成本。

三、脱离定额差异的核算

在定额法下,由于产品实际成本的计算是以定额成本为基础,并且实际成本往往与定额成本不一致,两者所产生的差异就是脱离定额差异。应按下列公式计算实际成本:

实际成本=定额成本±脱离定额差异

脱离定额差异的核算包括材料脱离定额差异的核算、工资脱离定额差异的核算和制造费用脱离定额差异的核算。

(一)材料脱离定额差异的核算

对于直接用于产品生产的原料及主要材料、辅助材料、燃料、自制半成品等,应在发料时就按投产数量计算出定额费用,并与请领数进行比较,看是否超过按产品批量和消耗定额规定的限额,及时计算脱离定额差异,并用不同凭证予以反映。

在限额法下,原材料的发出应采用限额领料制度,符合定额消耗的原材料应根据限额领料单等定额凭证发料,由于增加产量,需要增加用料时,在追加限额手续后,也可以根据定额凭证领发。因其他原因发生的超额领料或代用材料的用料,则应填制专设的超额领料单、代用材料领料单等差异凭证,经过一定的手续后领发。为了减少凭证种类,这些差异凭证也可用普通领料单代替,但应用不同的颜色或加盖专用的戳记,以资区别。在差异凭证中,应填写差异的数量、金额以及发生差异的原因。差异凭证的签发须经过一定的审批手续。

在每批生产任务完成后,应根据车间余料编制退料手续,退料单也是一种差异凭证,退料单中的原材料和限额领料单中的原材料余额,都是原材料脱离定额的节约差异。

应当注意的是,原材料脱离定额差异是产品生产过程中实际用料脱离现行定额而形成的成本差异。而在实际投产量与规定投产量不一致及车间有期初、期末余料时,限额法就不能完全控制用料,而该差异只是领料差异,并非用料差异。

【例3】某工厂某限额领料单中规定的甲产品数量为500件,每件甲产品的单位消耗定额为4千克,则领料限额为2000千克。假定实际领料1950千克,则其领料差异为50千克,如果投产的产品数量也是500件,且车间中没有期初和期末余料,或期初和期末余料相等,则少领的50千克领料差异,即甲产品材料脱离定额的差异为节约50千克。如果投产的甲产品数量不是500件,而是480件,车间期初余料为30千克,期末余料为25千克,则:

原材料实际消耗量=本期领料数量+期初余料数量-期末余料数量

=1950+30-25=1955(千克)

原材料定额消耗量=产品投产量×原材料消耗定额

=480×4=1920(千克)

原材料脱离定额差异=材料实际消耗量-定额消耗量

=1955-1920=35(千克)

为更好地控制用料,除了采用限额法外,还可以通过按期盘存的方法核算用料差异。根据限额领料单和超额领料单等领、退料凭证和车间余料的盘存数量,计算原材料实际消耗量。然后将原材料的实际消耗量与定额消耗量相比较,计算原材料脱离定额差异。即:

投产产品数量=完工产品数量+期末在产品盘存数量-期初在产品盘存数量

原材料定额消耗量=投产产品数量×原材料消耗定额

原材料实际消耗量,可根据限额领料单和超额领料单等领、退料凭证和车间余料的盘存数量计算,然后将原材料的实际消耗量与定额消耗量相比较,计算原材料脱离定额差异。

按照上列公式计算本期投产产品数量,必须具备以下条件:原材料在生产开始时一次投入,期初和期末在产品都不再消耗材料。如果原材料随着生产进度陆续投料,那么上列公式中期初和期末在产品数量应改为按原材料消耗定额计算的约当产量。

(二)直接人工费用脱离定额差异的计算

工资脱离定额差异的核算,主要是通过核算生产工时与定额工时的差异来进行。在计件工资形式下,生产工人的工资费用与产品产量相联系,这时脱离定额差异的核算,实际是核算规定生产时间内产品数量多少引起的差异。所以其核算与直接材料定额差异相似,凡符合定额的生产工人的工资费用可反映在各种产量记录凭证中；凡脱离定额的差异，则在工资费用差异凭证中予以反映。

在计时工资形式下，工资脱离定额差异的核算则是核算小时工资率差异。由于实际小时工资率只有在月末实际生产工人工资总额确定之后才能计算，因而其差异通常是在月末计算的。计时工资直接人工费用脱离定额差异的计算公式如下：

$$单位小时定额工资=\frac{某车间计划产量的定额工资总额}{该车间计划产量的定额生产工时总数}$$

$$单位小时实际工资=\frac{其车间实际生产工人工资总额}{该车间实际生产工时总数}$$

某产品的定额生产工人工资=该产品实际产量的定额生产工时×单位小时定额工资

某产品的实际生产工人工资=该产品实际生产工时×单位小时实际工资

某产品生产工资脱离定额的差异=该产品实际生产工人工资–该产品定额生产工人工资

【例4】某企业生产A产品，计划产量300台，每台60个定额工时，共计18 000个定额工时，该车间计划产量的定额工资总额为36 000元，实际产量与计划产量相等，实际生产工时总额为17 200工时，实际生产工人工资总额为36 120元。计算该企业生产A产品的工资脱离定额差异：

单位小时定额工资=36 000÷18 000=2（元）

单位小时实际工资=361 200÷17200=2.1（元）

A产品定额生产工资=18 000×2=360 000（元）

A产品实际生产工资=17 200×2.1=36 120（元）

A产品生产工资脱离定额差异=36 120–36 000=120（元）

按照上述方法核算工资定额差异，只能在月末进行，不能及时反映工资定额差异的发生情况。因此，必须一方面加强工资总额的控制，使其不超过计划；另一方面加强产品定额工时与实际工时的定额差异的核算，分析发生工时差异的原因，监督工时定额的执行，促使企业不断地降低产品的工时消耗。

（三）制造费用脱离定额差异的计算

制造费用通常与计时工资一样，属于间接计入费用，在日常核算中不能按照产品直接计算脱离定额的差异，而只能根据每月的费用计划，按照费用发生的车间、部门和费用项目计算脱离计划的差异，据以控制和监督费用的发生，因此，制造费用差异的日常核算，通常是指脱离制造费用计划的差异核算。各种产品应负担的定额制造费用和脱离定额的差异，与工资脱离差异的核算一样，只有在月末时才能比照上述计时工资的计算公式确定。

为了计算完工产品的实际成本，上述脱离定额的差异，还应在完工产品和在产品之间进行分配。由于采用定额法计算产品成本的企业，都有现成的定额成本资料，所以，脱离定额差异在完工产品和在产品之间的分配，大多采用定额比例法。如果企业各月份在产品数量比较稳定，也可以采用定额成本法计算在产品成本，将全部差异计入完工产品成本，月末在产品则不用负担。

【例5】仍以前资料为例，假设生产A产品计划制造费用小时费用率为1.5元，本月实际发生30 000元，计算该企业生产A 产品的制造费用脱离定额差异。

A产品的定额制造费用=18 000×1.5=27 000（元）

A产品的制造费用脱离定额差异=30 000−27 000=3000（元）

（四）计算定额变动差异

定额变动差异，是指因产品消耗定额或各种消耗的计划单价的修订而引起的，月初在产品原定额成本与按新定额计算的定额成本之间的差额。在现代企业中，由于科学技术的发展，各项消耗定额也随之不断降低，各项定额也应随之做相应的修订。定额成本修订以后，在月初存有在产品的情况下，为了使月初在产品定额成本和本月新投产产品的定额成本计算基础一致，必须对月初在产品定额成本进行调整，即计算定额变动差异。

【例6】假设A产品3月初在产品20台，其中甲材料单位消耗定额为20千克，现调整为18千克；乙材料单位消耗定额为10千克，现调整为9千克，甲乙材料的计划单价分别为8元和6元，则：

甲材料的定额变动差异=（20×18×8）−（20×20×8）=−320（元）

乙材料的定额变动差异=（20×9×6）−（20×10×6）=−120（元）

根据上述计算结果，A产品在3月初在产品中甲材料定额变动差异为降低320元，乙材料定额变动差异为降低120元。这些差异一方面将从月初按定额计算的在产品定额成本中扣除；另一方面将从扣除出来的这一部分差异额作为定额变动差异单独计入本月产品成本。

定额变动差异是定额本身变动的结果，它与生产费用节约或浪费无关，因此在计算产品实际生产成本时，应单独作为一个调整项目。但在实际调整时，应根据不同情况分别进行处理。在定额下调时，所计算的定额变动差异为正数，表明月初在产品定额成本的下降，一方面应将差异额从月初在产品定额成本中扣除，另一方面应单设定额变动差异项目予以记录并反映支出的组成部分，构成产品的实际成本。在定额上调时，虽然所计算的定额变动差异为负数，但表明月初在产品成本的上升，应将该差异额加到月初在产品定额成本中。同时，由于这部分差异额并非该产品上月实际发生的反映，因此，应单列定额变动差异项目以负数表示，以便在计算产品的实际成本时予以扣除。

（五）产品实际成本的计算

采用定额法计算产品实际成本，如果某种产品在月末既有完工产品又有在产品，其所发生的各种生产费用，还应分成本项目、定额费用和各种差异，采用一定的方法在完工产品与在产品之间进行分配。

在定额法下，由于各种产品有现成的定额成本资料，因此其定额费用一般按完工产品与在产品的数量计算分配；脱离定额的差异则按完工产品与在产品定额费用比例进行分配；定额变动差异和材料成本差异，为了简化核算，一般由完工产品负担。

完工产品实际生产成本的计算，实质上是完工产品应分配的定额成本与各种差异的汇总。月末，各种生产费用在完工产品与在产品之间分配完毕后，将各种完工产品的定额成本加减各种差异后即为完工产品实际成本，然后除以各种产品数量，即为各种完工产品的实际单位成本。其计算公式如下：

某种产品实际生产成本=按现行定额计算的该种产品的定额成本±脱离定额差异±材料成本差异±定额变动差异

$$某种产品实际单位成本=\frac{按定额法计算的该种产品实际总成本}{完工产品数量}$$

四、定额法应用

【例7】某工厂大量生产甲产品，该产品各种消耗定额较为准确和稳定，采用定额法计算该工厂产品实际成本。核算资料如下：

1.生产记录如表10–6所示。

表 10–6 甲产品生产记录

单位：件

月初在产品	本月投产	本月完工	月末在产品	
			数量	完工程度
40	70	100	10	50%

2.甲产品调整前的定额成本见表10–7。

表 10–7 甲产品调整前的定额成本

项目	用量	计划单价(元)	金 额(元)
直接材料	80 千克	50	4000
直接人工	50 小时	4	200
制造费用	50 小时	6	300
合计			4500

3.甲产品调整前的月初在产品成本以及本月实际生产费用见表10–8。

表 10–8 甲产品调整前的月初在产品成本以及本月实际生产费用

单位：元

项目	月初在产品		本月发生费用
	定额成本	脱离定额差异	
直接材料	120 000	1200	253 700
直接人工	3000	150	19 110
制造费用	4500	195	28 065
合计	127 500	1545	300 875

4.月初，直接材料消耗定额经过修订，降低2千克。定额变动差异全部由完工产品负担。直接材料系开工时一次投入，材料成本差异率为2%，材料成本差异由完工产品负担。

根据以上资料,计算并编制甲产品“产品成本计算表”,见表10–9。具体计算如下。

表 10–9 产品成本计算单

产品名称:甲产品　　　　单位:元

项目			直接材料	直接人工	制造费用	成本合计
月初在产品成本	定额成本	1	120 000	3000	4500	127 500
	脱离定额差异	2	1200	150	195	1545
月初在产品定额变动	定额成本调整	3	–3200			–3200
	定额变动差异	4	3200			3200
本月发生费用	定额成本	5	218 400	17 000	25 500	260 900
	脱离定额差异	6	35 300	2110	2565	39 975
	材料成本差异	7	5074			5074
生产费用累计	定额成本	8=1+3+5	335 200	20 000	30 000	385 200
	脱离定额差异	9=2+6	36 500	2260	2760	41 520
	材料成本差异	10=7	5074			5074
	定额变动差异	11=4	3200			3200
脱离定额差异率		12=9÷8	0.11	0.11	0.09	
本月完工产品成本	定额成本	13	312 000	20 000	30 000	362 000
	脱离定额差异	14=13×12	34 320	2200	2700	41 420
	材料成本差异	15=10	5074			5074
	定额变动差异	16=11	3200			3200
	实际成本	17=13+14+15+16	354 594	22 200	32 700	409 494
月末在产品成本	定额成本	18=8–13	23 200	0	0	23 200
	脱离定额差异	19=9–14	2180	60	60	2300

(1)月初在产品定额变动差异=40×2×40元=3200元

(2)本月生产费用的定额成本

直接材料:70×(80–2)×40元=218 400元

直接人工：(100+10×50%−40× 50%)×200元=17 000元

制造费用：(100+10×50%−40×50%)×300元=25 500元

(3)本月生产费用脱离定额的差异

直接材料脱离定额的差异=253 700元−218 400元=35 300元

直接人工脱离定额的差异=19 110元−17 000元=2110元

制造费用脱离定额的差异=28 065元−25 500元=2565元

(4)本月领用材料的成本差异

材料成本差异=253 700元× 2%=5074元

(5)完工产品定额成本

直接材料：100×(80−2)×40元=312 000元

直接人工：100件×200 =20000元

制造费用：100件×300 =30000元

脱离定额差异的差异率和在产品的月末成本见表10−9。

则本月完工产品的单位成本=409 494÷100=4094.94(元)

第三节　联产品和副产品的成本计算

一、联产品成本计算

(一)联产品的含义

联产品是指企业在同一生产过程中，利用同一种原材料进行加工，同时生产出两种以上的主要产品。例如甘蔗制糖厂用甘蔗做原料可以同时生产出白砂糖和赤砂糖等产品。

(二)联产品的特点

联产品的特点是：第一，联产品是在生产过程中利用同一种原材料一起生产出来的，其性质和用途都不一样。第二，联产品在生产过程中所消耗的原材料和加工费是不能按照产品分别计算的。第三，各种联产品都是主要产品，其生产工艺流程也不尽相同。有些是自投料后，在同一生产过程中进行生产，最后生产出联产品；有些是在同一生产过程中的某步骤生产出半成品，分离出来再按照各自的生产过程进一步加工，生产出产成品。因此，必须把它们作为一类产品来综合归集它们所发生的各种费用，并根据其生产特点，选择适当的成本计算方法计算出它们的总成本。然后再采用适当的分配标准，分解联合成本，从而计算出每一种联产品的总成本和单位成本。

联合成本的计算一般采用产品成本计算的品种法、分批法等成本计算方法。联产品成本的计算关键是如何将联合成本在各种联产品中进行分配。

(三)联合成本的分配方法

联合成本的分配方法很多，一般常用的有系数分配法、重量分配法、售价分配法等。

1.系数分配法

系数分配法是联产品成本核算中普遍采用的一种分配方法。它是将各种联产品的实际产量按事先确定的系数折合计算为标准产量，然后将联产品的联合成本按各种联产品的标准产量比例来进行分配。

【例8】假设某企业在同一加工过程中，利用同一种材料加工出甲、乙、丙三种主要产品。根据成本计算的基本方法已计算出联合总成本为180 000元，其中甲产品300吨，产品系数确定为0.8，乙产品500吨，产品系数确定为1，丙产品200吨，产品系数确定为0.7。各种产品应分摊的联合成本如表10-10所示。

表 10-10 联产品成本计算表

单位：元

产品名称	实际产量（吨）	系数	标准产量（吨）	分配比例	应分摊成本（元）	单位成本（元）
甲产品	300	0.8	240	0.2727	49 086	163.62
乙产品	500	1	500	0.5682	102 276	204.55
丙产品	200	0.7	140	0.1591	28 638	143.19
合 计	1000		880	1.0000	180 000	

表10-10中，标准产量=实际产量×单位系数

分配比例=各产品的标准产量÷标准产量合计

2.重量分配法

重量分配法一般适用于铸造企业或铸造车间中各种联产品的成本计算，是将联合成本按各种联产品的重量比例进行分配以求得各种产品成本的方法。

仍以前面系数分配法的资料为例：

表 10-11 联产品成本计算表

产品名称	实际产量（吨）	占总产量比重（%）	应分摊成本（元）	单位成本（元）
甲产品	300	30	54 000	180
乙产品	500	50	90 000	180
丙产品	200	20	36 000	180
合 计	1000	100.00	180 000	

从以上结果可以看出，重量分配法实际上就是一种简单的平均成本法。

3.售价分配法

售价分配法是按照售价高的联产品成本应当按照比例相应负担较高的成本这一理论而产生的对联合成本进行分配的一种方法。这种方法可以弥补前述按重量简单平均单位成本造成产品虚盈虚亏的缺点，但也不够准确，因为并不是售价高，成本也一定就高，只不过是在其他条件不太好的情况下，可以用售价法来分摊联合成本。

仍以前例有关成本资料为例，设甲产品每吨售价为80元，乙产品每吨售价为100元，丙产品每吨售价为90元，则此类产品联合成本按售价法分配的结果如表10–12。

表 10–12　联产品成本计算表

产品名称	产量(吨)	销售单价(元)	销售总价(元)	比例(%)	应分摊成本(元)	单位成本(元/吨)
甲产品	300	80	24 000	26.09	46 962	156.54
乙产品	500	100	50 000	54.35	97 830	195.66
丙产品	200	90	18 000	19.56	35 208	176.04
合　计	1000		92 000	100.00	180 000	

二、副产品成本计算

(一)副产品的含义

副产品是指企业在同一生产过程中生产出主要产品的同时，附带生产出的一些非主要产品。副产品不是企业生产的主要产品，但这些副产品有一定的经济用途和经济价值，能够满足社会上某一方面的需求。例如，炼油厂在提炼原油的过程中所产生的石焦油、油渣，制皂生产中产生的甘油。

(二)副产品成本计算的特点

副产品成本计算的特点是：由于企业的副产品和主产品是在同一生产过程生产出来的，所发生的费用很难在它们之间划分，只能将副产品和主产品作为同一类产品，采用产品成本计算分类法来归集费用并计算产品成本。但是，由于一般情况下副产品单位价值都比较低，在企业全部产品中占的比重较小。所以在企业计算产品成本时，可以采用简单的计算方法。首先计算确定副产品的成本，然后从发生的联合成本中减去副产品成本，即可求得主产品的成本。

(三)副产品成本的计算方法

由于副产品在分离后可以作为产成品直接对外出售，也可以进一步加工后再对外出售，所以，对副产品成本的计算有两种方法。

1.不需要进一步加工的副产品成本计算方法

对于不需要进一步加工即可出售的副产品，如果其价值较小，一般不予计价。如果价值较大，则可将其销售价格作为计价依据，减去其销售费用、税金和合理的利润后的余额确定副产品成本，然后将其从联合成本中扣除，再按各成本项目所占比重，分解为直接材料、直接人工和制造费用项目成本。

【例9】假设某企业在同一生产过程中，生产A、B、C三种主要产品的同时附带生产出D副产品，根据基本方法已计算出本期的联合成本为10 万元，其中直接材料7万元，直接人工2万元，制造费用1万元，D副产品500千克，单位售价4元，单位税金0.2元，单位销售费用和利润0.5元，产品成本分摊情况如表10-13：

表 10-13 主副产品分摊计算表

单位：元

项目	直接材料	直接人工	制造费用	合计
本期联合成本	70 000	20 000	10 000	100 000
各成本项目所占比重(%)	70	20	10	100
D 副产品成本	1295	370	185	1850
三种主要产品成本	68 705	19 630	9815	98 150

D副产品总成本=(4-0.2-0.5)×500=1850(元)

其中：直接材料=1850×70%=1295(元)

直接人工=1850×20%=370(元)

制造费用=1850×10%=185(元)

2. 需要进一步加工的副产品成本计算方法

(1)副产品只负担进一步加工的成本，而不负担分离前的联合成本。这样必然会造成少计了副产品的成本，而多计了主要产品的成本，虽然计算简便，但对主产品成本、副产品成本的计算是有影响的。

(2)副产品既负担进一步加工成本，又负担分离前的联合成本。

仍以前D副产品为例，若分离前的加工成本为950元，则D副产品的加工后成本为：

1850+950=2800(元)

本章小结

- 产品成本计算的辅助方法
  - 产品成本计算的分类法
    - 分类法概述
    - 分类法应用
  - 产品成本计算的定额法
    - 定额法概述
    - 定额成本的核算
    - 脱离定额差异的核算
    - 定额法应用
  - 联产品和副产品的成本计算

第十一章　成本报表的编制与分析

学习目标

了解成本报表的概念、种类和编制要求；

掌握产品生产成本、主要产品单位成本表和制造费用明细表的结构和编制方法；

掌握产品生产成本、主要产品单位成本表和制造费用明细表主要指标的分析方法。

本章导读

成本报表是根据企业日常成本核算资料及相关资料，综合、概括地反映企业一定时期内产品成本水平及构成情况，分析和考核成本计划或预算执行情况的会计报表。根据我国现行会计制度规定，成本报表不作为企业向外报送的会计报表，它主要是为满足内部管理需要而编制的，企业管理层通过对成本报表的阅读、分析，就可以及时了解成本开支情况，揭示成本支出中存在的问题，寻求降低成本的途径，采取开源节流的有效措施，达到控制成本的目标。

第一节　成本报表的编制

一、成本报表概述

（一）成本报表的概念

成本报表是根据企业日常成本费用核算资料以及其他有关资料编制的，反映企业一定时期内产品成本和费用水平及其构成情况的报告文件，用于考核、分析企业费用预算和成本计划执行结果的内部会计报表。

（二）成本报表的作用

成本是综合反映企业生产、技术和经营、管理水平的一项重要综合指标。首先，企业管理人员可以通过成本报表掌握企业一定时期内人力、物力和财力耗费的实际总水平和产品成本的构成情况，据以分析、考核企业成本、费用计划的执行情况，促使企业降低成本、节约费用从而提高企业的经济效益。其次，可以评价各职责部门成本管理业绩，揭示在生产、经营管理方面取得的成绩和存在的问题，进一步提高企业生产、经营管理水平。其三，成本报表提供的实际成本费用资料还可以为企业确定产品价格，进行成本和目标利润的预测，制定有关的生产经营决策，为编制成本和利润计划提供重要数据。成本报表是会计报表体系的重要组成部分，编制和分析成本报表，是会计工作的一项主要内容。

（三）成本报表的特点

1.成本报表是服务于企业内部经营管理需要的报告文件

成本报表的内容是企业的商业秘密，不对外报送和公开，所以，报送对象完全不同于其他企业财务报表。而在企业内部的经营管理中，成本费用水平及其构成的成本信息是非常重要的，为了满足企业内部各级管理者的需要，正确编制的成本报表，能随时反馈成本信息和揭示存在的问题，使企业内部各级成本管理部门以及责任人及时掌握成本信息资料，评价业绩，作出正确、合理的决策，达到加强成本管理的目的。

2.成本报表的项目内容和报表格式不统一

成本报表的内容国家财政部门没有统一规定，企业可以根据自身成本管理的需要，自行设计。因此成本报表的种类、格式、编制方法及编制周期在不同企业之间是不同的，就是同一企业不同时期也可以设置不同的成本报表。

3.成本报表具有灵活和实用的特点

成本报表是根据各个企业自身管理的需要而提供的成本信息，由企业自行设计成本报表的种类、格式和内容，具有较强的实用性、较大的灵活性和多样性。

（四）成本报表的种类

1.成本报表按其反映的经济内容，一般分为反映企业费用情况的报表、反映企业产品成本情况的报表和其他成本报表。

2.成本报表按编制的范围可以分为反映全厂成本情况的报表，反映生产车间成本情况的报表，反映班组、责任岗位成本情况的报表。

3.成本报表按其编制的时间可分为年报、季报、月报、旬报、周报、日报、班报等。

根据企业管理的需求，成本报表可以定期或不定期地编制。

——知识链接——

成本报表与财务报表的主要区别

成本报表是用于企业内部管理的报表，不需对外报送。其报表格式可根据需要自行确定，报表灵活、实用，反映指标更突出企业自身管理的要求和特点，不受会计准则的约束，要求报送时间更为迅速、及时。财务报表主要是为了满足外部利益人的需要而编制的报表，报表的格式、种类、指标都必须符合会计准则的规定。

二、成本报表的编制

（一）编制成本报表的要求

1.遵循一贯性的原则，对成本的计算应保持前后会计期间的一致性，以便成本信息使用者正确利用。

各期编制的成本报表，其前后各期的成本核算方法应保持一致，不得随意变更。如因企业经济性质、特点发生较大变化，或原有成本核算方法有待改进，那么，应在变更后的报表说明中阐明改变的原因和改变后的影响。

2.成本报表的编制要客观真实、报送及时。

在当今市场的经济信息瞬息万变的情况下，企业对成本信息的客观性、及时性要求越来越高，它要求企业财务部门及时收集有关成本信息，如实反映资金的耗费情况，做到内容真实、数字准确、资料可靠、传递及时，以便企业管理者尽快作出决策。

3.成本报表反映的内容要完整，计算要正确。

报表编制的各项指标和文字说明要求全面、清楚地反映经济活动中有关成本的各项关系，对某些重要的成本资料，如果原设计的成本报表不能很好地反映，可以采用在相关项目用括号注明或加附注说明。在编制过程中，各项指标的数据计算应该准确无误，不得出现计算和书写错误，否则就不能客观真实地反映企业在一定时期的生产费用和产品成本水平。此外，企业设计成本报表时，除考虑企业管理者的需要外，还要实事求是，尽可能为企业的信息系统数据提供合理设计方案。

（二）产品生产成本表的结构和编制方法

产品生产成本表分为正表和补充资料两部分。按产品品种反映的生产成本表，是按可比产品和不可比产品的种类汇总，反映企业在报告期内生产的全部产品的单位成本和总成本的报表。可比产品是指以前年度或上年度曾经生产过的产品；不可比产品是指以前年度或上年度未正常生产过的产品。通过本表，可以了解企业全部产品单位成本的执行情况，以及可比产品成本降低任务的完成情况。产品生产成本表编制的格式如表11-1所示。

表 11-1 产品生产成本表

编制单位:×工厂　　　　20××年12月　　　　单位:元

产品名称	计量单位	实际产量		单位成本				本月总成本			本年累计总成本		
		本月	本年累计	上年实际平均	本月计划	本月实际	本年累计实际平均	按上年实际平均单位成本计算	按本年计划单位成本计算	本月实际	按上年实际平均单位成本计算	按本年计划单位成本计算	本月实际
		①	②	③	④	⑤	⑥	⑦	⑧	⑨	⑩	11	12
可比产品合计								38 800	38 200	37 700	548 400	540 200	546 700
甲产品	件	100	1100	84	82	83	73	8400	8200	8300	92 400	90 200	88 900
乙产品	件	40	600	760	750	735	763	30 400	30 000	29 400	456 000	450 000	457 800
不可比产品合计									125	140		1250	1375
丙产品	件	50	500		2.5	2.8	2.75		125	140		1250	1375
全部产品成本									38 345	37 840		541 450	548 075

其中:⑤=⑨÷①　⑥=12÷②　⑦=①×③　⑧=①×④　⑩=②×③　⑪=②×④

其编制方法是:

(1)"产品名称"按企业规定的主要产品的品种分项列示。

(2)"实际产量"栏根据成本计算单或产成品明细账等资料所记录的本月和从年初到本月末止的主要产品的实际产量填列。

(3)"单位成本"栏分别按上年度本表所列各种可比产品的全年实际平均单位成本、年度成本计划、本年度成本计算单的有关数字填列。其中:

①"上年实际"平均单位成本,根据上年度本表所列的本年累计实际平均单位成本填列。

②"本年计划"单位成本,根据本年度成本计划填列。

③"本月实际"单位成本,根据该产品本月总成本除以总产量计算填列。如果产品成本明细账或产品成本汇总表中有现成的本月产品实际产量、总成本和单位成本,表中这些项目均

可根据产品成本明细账或产品成本汇总表填列。

④“本年累计实际平均”单位成本，根据表中本年累计实际总成本除以本年累计实际产量计算填列。

(4)“本月总成本”分以下专栏

①“按上年实际平均单位成本计算”的本月总成本，应根据本月实际产量乘以上年实际平均单位成本计算填列。

②“按本年计划单位成本计算”的本月总成本，应根据本月实际产量，乘以本年计划单位成本计算填列。

③“本月实际”应根据本月产品成本明细账或产成品成本汇总表填列。

(5)“本年累计总成本”分为以下专栏

①“按上年实际平均单位成本计算”的本年累计总成本，应根据本表的本年累计实际产量乘以上年实际单位成本计算填列。

②“按本年计划单位成本计算”的本年累计总成本，应根据本表的本年累计实际产量乘以本年计划单位成本计算填列。

③“本月实际”累计总成本应根据本年的产品成本明细账或产品成本汇总表计算填列。

企业如有不合格产品，应单列一行，并注明“不合格产品”字样，不要与合格产品合并填列。

为计算可比产品成本降低额和降低率，正表部分还应反映可比产品按上年实际平均单位成本计算的本月总成本和本年累计总成本。不可比产品由于过去没有正式生产过，没有成本资料可以比较，因此不必填列上年实际平均单位成本和按其计算的本月总成本、本年累计总成本。

补充资料中，只填列本年实际累计数。其中：

$$\text{可比产品的成本降低额}=\text{按上年实际平均单位成本计算的可比产品总成本}-\text{本年可比产品实际总成本}$$

$$\text{可比产品成本降低率}=\frac{\text{可比产品成本降低额}}{\text{按上年实际平均单位成本计算的可比产品总成本}}\times 100\%$$

(三)主要产品单位成本表的结构和编制方法

由于产品生产成本表列示了企业生产的全部产品生产成本，但并未反映企业常年生产或产品成本变动较大的产品的单位成本构成情况，这就需要通过主要产品单位成本表来补充。主要产品是指，企业经常生产，在企业全部产品中所占比重较大，能概括反映企业生产经营情况的产品。

主要产品单位成本表是反映企业一定会计期间内生产的各种主要产品的单位成本构成情况的报表，由基本部分和补充资料两部分构成。基本部分分别按每一种主要产品的成本项目列示历史先进水平、上年实际平均单位水平、本年计划单位成本、本月实际单位成本和本年累计实际平均单位成本，补充资料反映主要技术经济指标等。主要产品单位成本表应按企业主要产品分别编制，按成本项目分别反映单位成本水平，其编制方法是：

1.基本部分的产品名称、规格、计量单位、产量根据有关产品成本计算单填列；

2.产品单位成本的历史先进水平，根据本企业生产该种产品在历史上单位生产成本最低年度的成本计算资料填列；

3.上年实际平均单位成本根据上年12月份本表中“本年累计实际平均”栏的数字填列；

4.本年计划单位成本根据企业本年产品计划资料填列；

5.本月实际单位成本根据本月“产品生产成本明细账”提供的资料填列；

6.本年累计实际平均单位成本需要计算填列，等于该产品本年累计实际总成本除以该产品本年累计实际总产量的结果。

（四）制造费用明细表的结构和编制方法

制造费用明细表是反映企业在报告期内发生的制造费用总额及其构成情况的报表，它重点说明企业在一定时间内制造费用支出的总额及其构成情况，从而分析支出的合理程度和变化趋势。通过本年累计实际与上年同期实际比较，可了解制造费用各项目的变动情况，从动态上研究其特征及发展规律，通过本年累计实际与本年计划比较，可以反映制造费用计划完成情况及节约或超支的原因，其编制方法是：

1.本年计划数，根据制造费用计划数填列；

2.上年同期实际数，根据上年本表的对比月份、本年同期实际数填列；

3.本月实际数，根据制造费用总账科目所属明细账汇总填列；

4.本年累计实际数，根据“制造费用明细账”的本年累计实际发生额填列。

第二节　成本分析

一、成本分析的概念

成本分析是根据成本核算、计划和统计资料，采用一定方法，揭示企业费用预算和成本计划的完成情况，剖析成本变动成因，寻找降低成本、节约费用的潜力和途径的一项专门工作。通过成本分析可以查明企业费用预算和成本计划的完成情况，全面、准确地评价企业内部各部门、各单位成本费用的履行情况，揭示和测定各因素变动对成本的影响程度；明确企业内部各个部门和单位以及责任人在成本管理方面的责任，肯定成绩、找出差距，有针对性地寻找降低成本的具体途径和方法，不断提高成本管理水平，实现成本管理的目的。成本分析贯穿于费用发生和成本形成的全过程，主要包括产品成本计划完成情况分析、主要产品单位成本分析、降低成本的措施分析、技术经济指标对成本的影响分析等内容。

二、成本分析的方法

成本分析的方法多种多样，企业一般根据成本分析的目的，费用成本形成的特点，成本分析依据的资料的性质，确定成本分析的方法。常用的方法有比较分析法、趋势分析法和因素分析法等。

(一)比较分析法

比较分析法也称对比分析法，它是通过实际数与基数的对比来揭示实际数与基数之间的差异,借以了解经济活动的成绩和问题的一种分析方法。运用比较分析法可以揭示两个或两个以上相关指标数量上的差异,分析产生差异的原因,以便研究解决问题的途径和方法,提高成本管理水平。

采用比较分析法所比较的基数由于分析的目的不同而有所不同，但相比的指标必须具有可比性。进行对比的各项指标必须是同质数量指标,或在经济内容、计算方法、计算期和影响指标形成的客观条件等方面,有可比的共同基础;若相比指标之间有不可比的因素,应先按可比口径进行调整,然后再进行对比。

(二)趋势分析法

趋势分析法亦称动态分析法,是将不同时期的成本指标数值,按时间排序并进行对比,计算动态相对数,借以分析企业成本增减变动幅度及其发展趋势的一种方法。

(三)因素分析法

因素分析法亦称连环替代法,是把构成成本指标的各个因素进行分解,按顺序替换比较的标准,分别测定各个因素变动对成本指标影响程度及方向的一种方法。

因素分析法的基本点是：

1.确定各个因素的替代顺序,按照这一顺序替代计算。替代顺序一经确定不应随意变更,因为替代顺序不同的同一因素对指标的影响程度不同,故人们一般确定替代顺序的原则是:数量指标在前,质量指标在后;先分子,后分母。

2.计算某一因素对综合指标的影响时,假定其他因素不变,已经变换了的不再还原。

【例3】某企业加工某产品,单位产品计划工时定额为3小时,实际为3.5小时;计划小时工资率为5元,实际为6元。运用因素分析法分析单位工时和小时工资率两个因素对人工成本的影响。分析过程如下：

分析对象:单位产品人工成本脱离计划的差异

3.5×6−3×5=6(元)(超支)

(1)单位产品工时变动对人工成本的影响

3.5×5−3×5=2.5(元)(超支)

由于单位产品工时消耗定额提高,使单位产品人工成本超支2.5元。

(2)小时工资率变动对人工成本的影响

3.5×6−3.5×5=3.5(元)(超支)

由于小时工资率变动,使单位产品人工成本超支了3.5元。

此外,有些企业还借助相关比率分析法,利用与成本相互联系、相互依存但性质不同的指标进行成本分析,如利用利润总额与成本总额的比率,反映企业一定时期内所得(利润总额)与所费(成本费用总额)之间的比例关系(成本费用利润率),即企业每百元成本、费用的投入,能获得多少利润。通过相关比率的计算,可以排除企业之间的某些不可比因素,有利于企业进行成本效益分析,揭示其与基数及其他企业之间的差异。也有一些企业利用构成比率分析法，将构成产品成本的各费用项目分别与产品总额相比，计算产品成本的构成比率；将构成管理费用的各项目分别与管理费用总额相比，计算管理费用的构成比率，反映产品成本或费用总额的构成是否合理，为寻找降低成本、节约费用的途径指明方向。

三、产品成本表的分析

产品成本表的分析是利用产品成本表的资料，分析企业成本计划完成情况。主要从两个方面进行：一是对全部产品生产成本计划完成情况总体进行分析；二是对可比产品成本降低计划的完成情况进行分析。

（一）全部产品生产成本计划完成情况的分析

在产品成本表中，将全部产品的实际成本同计划成本进行对比分析，并分别考察可比产品成本和不可比产品成本的超支和节约情况，了解各个成本项目的计划执行结果；找出成本超支或降低幅度较大的产品和成本项目，为进一步分析指明方向。

（二）可比产品成本降低计划完成情况的分析

进行可比产品成本降低计划的成本分析，就是成本计划中规定的本年可比产品计划总成本与按计划产量和上年实际单位成本计算的上年总成本相比较，确定的计划成本降低额和降低率。对可比产品成本降低计划完成情况的分析就是将可比产品的实际成本与按实际产量和上年单位成本计算的上年总成本，确定的可比产品实际成本的降低额和降低率，并同计算规定的计划成本降低额和降低率相比，评定企业可比产品成本降低任务完成的情况，确定各因素影响程度，为进一步挖掘潜力、降低成本指出方向。

1.产品产量因素的影响

成本计划降低额和降低率是根据各种产品计划产量制定的，而实际成本降低额和降低率是根据各种产品的实际产量计算的。因此，产品产量的增减，必然会影响可比产品成本降低计划的完成情况。但是产量变动影响有其特点：假定其他条件不变，即品种结构和产品单位成本不变，单纯产量变动，只影响成本降低额，不影响成本降低率。这是因为，各种产品的产量计划完成率都是相同的，所以成本降低率的计算，因其分子分母都具有相同的产量增减而比例不变。

2.产品品种结构因素的影响

全部可比产品成本降低率实质上是以各种产品的个别降低率为基础，以各种产品的产量比重(即品种结构)为权数计算的平均成本降低率。由于各种产品的成本降低程度通常并不相同，有的大些，有的小些；有的超支，有的节约。因而，当成本降低幅度大的产品产量在全部可比产品产量中所占的比重比计划提高时，实际可比产品成本降低额和降低率就会比计划提高；反之，当成本降低幅度小的产品产量在全部可比产品产量中所占的比重比计划提高时，成本降低率和成本降低额都比计划减少。根据连环替代法，品种结构变动影响的成本降低额可用品种结构变动后的降低额减去结构变动前的降低额计算。

3.产品单位成本变动的影响

成本降低计划是本年度计划成本比上年度实际成本的降低数，而实际成本降低额则是本年度实际成本比上年度实际成本的降低数。因此，当本年度可比产品实际单位成本比计划单位成本降低或升高时，也就必然会引起成本降低额和成本降低率的变动。在其他因素不变的条件下，产品单位成本的变动与成本降低额和降低率的变动相反，产品实际单位成本比计划降低得越多，成本降低额和降低率也就越大，反之则越小。

四、主要商品产品单位成本表的分析

(一)单位成本计划完成情况分析

分析产品单位成本计划完成情况，重点在于分析单位成本升降幅度较大的产品和在企业全部产品成本中所占比重较大的产品。分析方法是：先应用比较分析法，查明产品单位成本计划的完成情况；再应用因素分析法，查明各个成本项目升降的具体原因，即分析各因素对单位成本的影响。

(二)单位成本的技术经济分析

1.产品产量变动对单位成本的影响

进行产量变动对单位成本影响分析，应将产品成本划分为固定成本和变动成本两部分。

单位产品成本中的变动成本是固定的，与产量变动没有关系；而固定成本是在相关范围内，随着业务量的变化成本总额保持不变的成本，当产量在相关范围内增加时，单位产品的固定费用减少，反之，则会增加；当产品产量的增长幅度超过固定费用总额时，也可以降低单位成本中的固定费用。因此，在企业现有生产能力允许且产品畅销的前提下，适当增加产品产量是降低产品单位成本的一条途径。

2.材料利用率变动对成本的影响

材料利用率是投入材料的数量与实际利用材料的数量之间的比例。投入材料后，发生的切割损耗、边角余料及切割下来的废料越少，说明材料的利用率越高，单位材料消耗降低，则单位成本下降；反之，则单位产品成本上升。

五、制造费用明细表的分析

对制造费用明细表的分析主要采用对比分析法，通过比较本年实际数与本年计划、上年实际的差异，分析计划完成情况，用结构分析法计算各项目所占比重，分析其变动情况及原因，及时发现问题，解决问题，不断降低费用。

本章小结

- 成本报表的编制与分析
  - 成本报表概述
    - 成本报表的概念和作用
    - 成本报表的种类
    - 成本报表的编制依据和要求
  - 成本报表的编制和分析
    - 成本报表的编制方法
    - 成本报表的分析方法
    - 商品产品成本表的编制和分析
    - 主要产品单位成本表的编制和分析
    - 制造费用明细表的编制和分析

参考文献

1.葛家澍,余绪缨,侯文铿,等.会计大典(第四卷)·成本会计.北京:中国财政经济出版社,1999.

2.王又庄.现代企业成本会计.上海:立信会计出版社,2000.

3.于玉林.会计实验学. 北京:经济科学出版社,2004.

4.于守华,李相志.初级成本管理会计教程.北京:对外经济贸易大学出版社,2006.

5.祁怀锦,刘红霞.成本会计理论与实务、案例、实训. 北京:经济科学出版社,2008.

6.周云凌.成本会计理论与实务.大连:东北财经大学出版社,2011.